"十二五"国家重点图书出版规划项目

中国史话

文化系列

会馆史话

A Brief History of Local Guild Halls

王日根 著

社会科学文献出版社
SOCIAL SCIENCES ACADEMIC PRESS (CHINA)

《中国史话》编辑委员会

总　序

　　中国是一个有着悠久文化历史的古老国度，从传说中的三皇五帝到中华人民共和国的建立，生活在这片土地上的人们从来都没有停止过探寻、创造的脚步。长沙马王堆出土的轻若烟雾、薄如蝉翼的素纱衣向世人昭示着古人在丝绸纺织、制作方面所达到的高度；敦煌莫高窟近五百个洞窟中的两千多尊彩塑雕像和大量的彩绘壁画又向世人显示了古人在雕塑和绘画方面所取得的成绩；还有青铜器、唐三彩、园林建筑、宫殿建筑，以及书法、诗歌、茶道、中医等物质与非物质文化遗产，它们无不向世人展示了中华五千年文化的灿烂与辉煌，展示了中国这一古老国度的魅力与绚烂。这是一份宝贵的遗产，值得我们每一位炎黄子孙珍视。

　　历史不会永远眷顾任何一个民族或一个国家，当世界进入近代之时，曾经一千多年雄踞世界发展高峰的古老中国，从巅峰跌落。1840年鸦片战争的炮声打破了清

帝国"天朝上国"的迷梦，从此中国沦为被列强宰割的
羔羊。一个个不平等条约的签订，不仅使中国大量的白
银外流，更使中国的领土一步步被列强侵占，国库亏
空，民不聊生。东方古国曾经拥有的辉煌，也随着西方
列强坚船利炮的轰击而烟消云散，中国一步步堕入了半
殖民地的深渊。不甘屈服的中国人民也由此开始了救国
救民、富国图强的抗争之路。从洋务运动到维新变法，
从太平天国到辛亥革命，从五四运动到中国共产党领导
的新民主主义革命，中国人民屡败屡战，终于认识到了
"只有社会主义才能救中国，只有社会主义才能发展中
国"这一道理。中国共产党领导中国人民推倒三座大
山，建立了新中国，从此饱受屈辱与蹂躏的中国人民站
起来了。古老的中国焕发出新的生机与活力，摆脱了任
人宰割与欺侮的历史，屹立于世界民族之林。每一位中
华儿女应当了解中华民族数千年的文明史，也应当牢记
鸦片战争以来一百多年民族屈辱的历史。

当我们步入全球化大潮的21世纪，信息技术革命迅
猛发展，地区之间的交流壁垒被互联网之类的新兴交流
工具所打破，世界的多元性展示在世人面前。世界上任
何一个区域都不可避免地存在着两种以上文化的交汇与
碰撞，但不可否认的是，近些年来，随着市场经济的大
潮，西方文化扑面而来，有些人唯西方为时尚，把民族
的传统丢在一边。大批年轻人甚至比西方人还热衷于圣

诞节、情人节与洋快餐，对我国各民族的重大节日以及中国历史的基本知识却茫然无知，这是中华民族实现复兴大业中的重大忧患。

中国之所以为中国，中华民族之所以历数千年而不分离，根基就在于五千年来一脉相传的中华文明。如果丢弃了千百年来一脉相承的文化，任凭外来文化随意浸染，很难设想 13 亿中国人到哪里去寻找民族向心力和凝聚力。在推进社会主义现代化、实现民族复兴的伟大事业中，大力弘扬优秀的中华民族文化和民族精神，弘扬中华文化的爱国主义传统和民族自尊意识，在建设中国特色社会主义的进程中，构建具有中国特色的文化价值体系，光大中华民族的优秀传统文化是一件任重而道远的事业。

当前，我国进入了经济体制深刻变革、社会结构深刻变动、利益格局深刻调整、思想观念深刻变化的新的历史时期。面对新的历史任务和来自各方的新挑战，全党和全国人民都需要学习和把握社会主义核心价值体系，进一步形成全社会共同的理想信念和道德规范，打牢全党全国各族人民团结奋斗的思想道德基础，形成全民族奋发向上的精神力量，这是我们建设社会主义和谐社会的思想保证。中国社会科学院作为国家社会科学研究的机构，有责任为此作出贡献。我们在编写出版《中华文明史话》与《百年中国史话》的基础上，组织院内外各研究领域的专家，融合近年来的最新研究，编辑出版大型历史知识系列丛书——《中国史话》，其目的就在于为广大人民群众尤其是青少年提供一套较为完整、准确地介绍中国历史和传统文化的普及类系列丛书，从而使生活在信息时代的人们尤其是青少年能够了解自己祖先的历史，在东西南北文化的交流中由知己到知彼，善于取人之长补己之短，在中国与世界各国愈来愈深的文化交融中，保持自己的本色与特色，将中华民族自强不息、厚德载物的精神永远发扬下去。

《中国史话》系列丛书首批计200种，每种10万字左右，主要从政治、经济、文化、军事、哲学、艺术、科技、饮食、服饰、交通、建筑等各个方面介绍了从古至今数千年来中华文明发展和变迁的历史。这些历史不仅展现了中华五千年文化的辉煌，展现了先民的智慧与创造精神，而且展现了中国人民的不屈与抗争精神。我们衷心地希望这套普及历史知识的丛书对广大人民群众进一步了解中华民族的优秀文化传统，增强民族自尊心和自豪感发挥应有的作用，鼓舞广大人民群众特别是新一代的劳动者和建设者在建设中国特色社会主义的道路上不断阔步前进，为我们祖国美好的未来贡献更大的力量。

陈奎元

2011 年 4 月

出版说明

自古至今，始终坚持不懈地从漫长的文明进程中不断总结历史经验教训，从中汲取有益营养，从而培植广阔的历史视野，并具有浓厚的历史意识，这是我们中国文化独有的鲜明特征，中华民族亦因此而以悠久的"重史"传统著称于世。在整个人类文明史上独一无二、系统完备的"二十四史"即证明了这一点。

中华人民共和国成立后，历史知识普及工作被放到十分重要的位置。20世纪五六十年代，著名历史学家吴晗主持编写的《中国历史小丛书》，90年代中国社会科学院院长胡绳组织编写的《中华文明史话》和《百年中国史话》，成为"大家小书"的典范，而后两套历史知识普及丛书正是《中国史话》之缘起。

2010年年初，为切实贯彻中央关于"做好历史知识普及工作"的指示精神，同时也为了更好地弘扬中国传统文化，我们对《中华文明史话》和《百年中国史话》

两套丛书的内容进行了修订和增补，重新设计框架，以"中国史话"为丛书名出版。第十一届全国政协副主席、时任中国社会科学院院长陈奎元亲任《中国史话》一期编委会主任，时任中国社会科学院副院长武寅任编委会副主任。正是有了各级领导的关心支持和诸多学术名家的积极参与，《中国史话》一期200种图书得以顺利出版，并广受好评。

《中国史话》丛书的诞生，为历史知识普及传播途径的发展成熟，提供了一种卓具新意的形式。这种形式具有以通俗表述、适中篇幅和专题形式展现可靠历史知识的特征。通俗、可靠、适中、专题，是史话作品缺一不可的要素，也是区别于其他所有研究专著、稗官野史、小说演义类历史读物的独有特征。

囿于当时条件，《中国史话》一期的出版形式不尽如人意，其内容更有可以拓展的广阔空间，为此2013年4月我们启动了《中国史话》二期出版工作。《中国史话》二期分为经济、政治、文化、社会和生态五大系列，拟对中国各区域、各行业、各民族等的发展历史予以全方位介绍。我们并将在适当时机，启动《世界史话》的出版工作。史话总规模将达数千种。

我们愿携手海内外专家学者，将《中国史话》《世界史话》打造成以现代意识展现全部人类历史和人类文明，集学术性、知识性、趣味性于一体的"万有文库"；并将承载如此丰厚内容的史话体写作与出版努力锻造成新时期独具特色的出版形态。

希望史话丛书能在形塑民族历史记忆、汲取人类文明精华、培育现代国民方面有所贡献，并为广大读者所喜爱。

史话编辑部

2014 年 6 月

目录
Contents

序 ……………………………………………………………… 1

一　悠悠乡土情：会馆萌生的原动力 ……………………… 1
　　1. 乡情聚乡人 ………………………………………… 1
　　2. 同乡官员的"面子工程" …………………………… 4

二　会馆的衍扩：类型的多样化 ………………………… 6
　　1. 地域政治意识的强化 ……………………………… 6
　　2. 明清京师各会馆的汇聚 …………………………… 10
　　3. 会馆家族的壮大 …………………………………… 14

三　科第牵人心：京师会馆阵容的凸显 ………………… 18
　　1. 乡人及第是京师全体乡人的荣耀 ………………… 18

2. 科第隆替直映会馆兴衰 …………………… 19

3. 京师会馆的个案 …………………………… 25

四 商界排座次：商业都市中的会馆竞胜 ……… 31

1. 会馆见证京师是晋商的天下 ……………… 31

2. 商业都市中的会馆争胜 …………………… 33

3. 会馆是工商城镇兴盛的标志 ……………… 44

4. 商人会馆的内部运作 ……………………… 51

5. 中国商人"敦信尚义"整体形象的树立 …… 58

五 宫庙纷列：移民新地的地域性标识 ………… 66

1. 人口流动与会馆的建设 …………………… 66

2. 移民新地会馆的社会整合 ………………… 68

六 海外乡井：世界各地华人的凝聚中心 ……… 77

1. 会馆向东南亚的拓展 ……………………… 77

2. 华人会馆在欧美的拓展 …………………… 86

3. 海外会馆发展的特点 ……………………… 90

七 同殊相参：会馆家族中的别样脸谱 ………… 97

1. 讲学类会馆 ………………………………… 97

2. 兵会馆 ……………………………………… 99

3. 乡仕会馆 …………………………………… 100

八 时代的镜子：会馆里的人事演迁 …………… 102

1. 会馆成就同乡志业 ………………………… 102

2. 晚清政治变局与会馆功能的变迁 ………… 105

九 会馆的文化传承：建筑设置与神灵崇拜……… 112

1. 建筑设置 ……… 112

2. 神灵崇拜 ……… 121

3. 会馆内多元文化的交融 ……… 131

4. 会馆的文化传承与更新 ……… 135

十 官民相得：会馆领传统社会管理之精髓……… 141

1. 明清时期政府对社会的管理 ……… 141

2. 民间社会参与社会管理的必要性 ……… 143

3. 官民相得是社会管理的理想模式 ……… 145

4. 民国时期会馆管理中的官民相得 ……… 153

十一 新旧之耦合：会馆与商会的交融与链接……… 159

1. 会馆自我管理的成长 ……… 161

2. 会馆、公所职能的更新 ……… 163

3. 会馆与商会的相互链接 ……… 172

十二 政府与会馆的博弈：从放任、默许到认可……… 178

1. 会馆是传统文化中家族观念泛化的产物 ……… 178

2. 会馆具有整合流动人口的社会功能 ……… 186

结 语 ……… 189

参考文献 ……… 195

后 记 ……… 197

序

　　中国人传统的乡土观念是在频繁的人口流动中逐渐形成的。中国古代就有易地为官的政治传统，于是许多官员成为移民者。中国多维的气候特征、殊异的地方特产决定了物资需要调剂余缺，交通条件的改善使商人们可从长途贩卖中赢利，这便决定了商人阶层往往是移民中的又一大群落，经商是移民的另一大原因。其他像学艺、拜师、信教等均程度不同地驱动了人口的流动。

　　思乡有时是热烈的，衣锦而归时犹然。有些人回家时则是卑怯的，因为总觉得自己没有大作为，没有建立大功勋。初唐宋之问写道："岭外音书绝，经冬复历春。近乡情更怯，不敢问来人。"离乡在外的人与家乡已中断了联系，实在把握不准家乡发生了什么变化。贺知章《回乡偶书》曰："少小离家老大回，乡音无改鬓毛衰。儿童相见不相识，笑问客从何处来。"此诗将游子的窘境掩于儿童的嬉笑之中。

王维的《杂诗》曰："君自故乡来,应知故乡事。来日绮窗前,寒梅著花未?"他也表达了对家乡的挂念。岑参的《逢入京使》说："马上相逢无纸笔,凭君传语报平安。"诗中抒发的是对亲人的无限眷恋之情。王昌龄的《芙蓉楼送辛渐》一诗中的"洛阳亲友如相问,一片冰心在玉壶",寄托了作者对亲人的一片深情。离家久了或远了,思乡之情会渐浓。

思乡的情绪在过节的时候最为浓重。《九月九日忆山东兄弟》云："独在异乡为异客,每逢佳节倍思亲。遥知兄弟登高处,遍插茱萸少一人。"身在异乡时想象着在故乡过节时的情景,因长期漂泊于外,客居他乡,不免由异乡风物生发恋乡思亲之情。王建的《十五夜望月》一诗云："中庭地白树栖鸦,冷露无声湿桂花。今夜月明人尽望,不知秋思落谁家。"情感丰富的诗人们将节日里独处异乡的游子的思乡心绪准确地表达了出来。

远嫁是一种特殊的移居方式。东汉刘细君著《悲愁歌》,说："吾家嫁我兮天一方,远托异国兮乌孙王。穹庐为室兮毡为墙,以肉为食兮酪为浆。居常土思兮心忧伤,愿为黄鹄兮归故乡。"远嫁他乡的女子的乡思因为生活方式的殊异而显得更加凄婉。

从军是另一种移居方式。贺知章《十五从军征》一诗说:"十五从军征,八十始得归。道逢乡里人,家中有阿谁?遥望是君家,松柏冢累累。兔从狗窦入,雉从梁上飞。中庭生旅谷,井上生旅葵。烹谷持作饭,采葵持作羹。羹饭一时熟,不知贻阿谁。出门东向望，泪落沾我衣。"家乡的每一个生活细节竟那么鲜活，让人只要一思及，就暖流盈怀。

文人游走是一种生活方式。初唐宋之问的《登逍遥楼》一诗说："逍遥楼上望乡关，绿水泓澄云雾间，北去衡阳二千里，无因雁足系书还。"隋薛道衡《人日思归》说："入春才七日，离家已二年。人归落雁后，思发在花前。"唐岑参《西过渭州，渭水思秦川》说："渭水东流去，何时到雍州，凭添两行泪，寄向故园流。"人烟稀少之处，思乡之情会更浓。

"家乡"是对离乡在外的人而言的，只有离开家乡的人们才会油然而生对家乡的思念，且借文学的语言表达这种思乡情怀。在离开家乡的人们的眼里，家乡总是充满了亲情的，乡亲们也会时常嘘寒问暖，游子孤身在外，语言不通而难以交流，习惯亦往往大异其趣，失落感时常侵蚀着游子的心，使他们倍感事业的不顺与谋生的艰难。

在中国古代，一方面，由于交通闭塞、交通工具落后，人们一别再逢无期，使那些外出求学、赶考、赴任、行游、出征的游子不免产生强烈的孤寂、惆怅、落寞与凄清的思归怀乡情绪。另一方面，中国的宗法制度使一直安于乡土的国人产生了重血缘、重乡土的社会心理，从而使那些离乡的游子无论走多远、无论走到哪里都有一种根在故土的深刻的乡土观念。几千年来，这种渗透于中国民众骨子里的深厚的亲情意识和地缘乡土观念，极其深刻地影响着中国人的思想感情，对亲人、故土的怀念无时无刻不萦绕在游子的心头。

其次，游子的羁旅行役带来空间的转换、文化的异位，本土文化缺失使游子产生失落感。对于那些外出行游的人们来说，当从一个极其熟悉的环境进入到一个完全陌生的环境时，往往会因一时不能适应新的环境，而与这种陌生的异样的文化产生矛盾，游子在心理上会产生对新环境的排斥和抵触，进而产生无依无靠、漂浮不定的浮萍之感。"浊酒一杯家万里，燕然未勒归无计"，表达的便是这种思乡之情。

最后，思乡情怀的产生还源于游子现实生活的不顺与挫折、人生理想的破灭和追求的失落。在现实生活中，游子为了维持生计，自愿或不自愿地去出使、宦游、从军、考试、经商等，在此过程中他们并不能坦然地在精神和心理上接受与认同这种羁旅行役。当宦游不顺、科考落第，或建功立业的愿望得不到实现，抑或在官场遭到排挤与打击，他们就会对自己的人生追求、价值意义产生不同程度的质疑和否定，转而寻求来自故乡的安慰，遂产生回归家乡的念头，希望以此得到精神上的抚慰。这时故乡就成了游子们的避风港，是摆脱不如意现实、寻求精神回归的理想归宿。

乡土情是离开故土的人们自然形成且逐渐得到强化的一种思想感情，它驱使同乡客居者走向联合，成为会馆萌生的原动力。

明代是科举制度充分发展的时期，京师则是寓居同乡官员较集中的地方。明代时京师会馆的诞生便成为很自然的事情。会馆最初就是在客地为官的同乡人在节庆期间寄托乡思、用乡音进行交流、观看家乡戏曲、品尝家乡菜肴的所在，后来功能逐渐扩展。

　　会馆是明清以来凝聚了中华文化内在精神、管理流动人群的民间社会组织，较西方传入的商会组织具有更大的包容性。它既管理寓居的同乡官员，又顾及同乡应试学子、工商阶层乃至一般移民，具有较强的社会功能。今天会馆仍然在海外华人社会大量存在，彰显了中国传统文化的软实力。

　　从会馆管窥中国社会，无疑是一个绝佳的视角。政治激进者们往往以对过往的否定来迎接新生的东西，而会馆则更倾向于在传承中更新，保持社会进步的渐进性，保证社会的和谐稳定。会馆的基本功能在于"祀神、合乐、义举、公约"，实际上具备了自治的功能。传统的里甲、保甲、乡党式管理模式难以管理这庞大的流动人群，会馆却可以独展其长，便利且有效。会馆往往能凝聚寓居客地同乡中的官、绅、商等各个阶层，彼此调动各自的资源，形成互补的局面，有效地实现内部的自我整合与外部世界的整合乃至中外文化的整合。可以说，会馆组织使民间智慧在复杂的社会变迁面前得到充分的体现，其对社会管理的积极意义是显著的。

　　从会馆认识地方文化，不失为一种可取途径。由于会馆对社会管理的效果是积极的，因而逐渐由民间自发产生发展到获得政府的默许、认可乃至保护，会馆由此成为地域文化展示的场所。随着社会的革故鼎新，会馆的社会功能还有所延伸。到近代，会馆的社会治安功能进一步彰显。会馆在消除"黄、赌、毒"、杜绝民间私藏枪支、禁止罪犯藏匿等方面都有所作为。有的会馆还筹集资金，为政府提供实质性的帮助。这些都反映了会馆顺应时势的内在品格。

会馆倡导儒家的伦理纲常，对维护世道人心具有积极的意义。于是，就职在外的同乡官员亦积极投身于会馆的建设、维护与发展过程之中，以此作为实现自己人生价值的途径。

会馆较之由西方引入的商会更多些人文关怀，更多些对人际关系、人生价值乃至社会价值的追寻，因而它不仅像商会那样旨在制定商业规范，还致力于弘扬家乡的文化精神、彰显地方文化建设业绩、帮助贫困的同乡人、参与乃至主持客居地的社会事业，给同乡人以自豪感、荣誉感和归属感。他们将家乡的英烈奉祀为神，这无疑形成了最强有力的黏合剂和凝聚器，同时为主流与优秀的价值观延存提供了基地。因此，即使是在商会移植进中国并大行其道之时，会馆的生命力并未削减。正如一位著名学者所说，20世纪以来，各大城市中的近代商会组织纷纷建立，但旧式的会馆、公所仍然是城市工商业中的重要经济组织，它能把传统的地缘关系与现实的行业纽带融为一体，把旧式的人际关系、职业行规与近代的社会契约、民主意识结合起来，在经济发展中起着重要的作用。因此，中国城市走向近代化过程中，既有新、旧事物间的矛盾冲突，也有它们互补共进的发展。1944年，毛泽东同志在延安与美国记者斯诺谈话时强调，继承中国过去的思想和接受外来思想，并不意味着无条件地照搬，而必须根据具体条件加以采用，使之适合中国的实际，批判地接受我们自己的历史遗产和外国的思想。习近平同志在全国宣传思想工作会议上强调，要讲好中国故事、传播好中国声音，最重要的一点，就是讲清楚中华民族在五千多年的文明发展进程中创造的博大精深的中华文化，这里积淀着中华民族最深沉的精神追求，包含着中华民族最根本的精神基因，代表着中华民族独特的精神标志，是中华民族自强不息、团结奋进的重要精神支柱，是我们最深厚的文化软实力。会馆正是植根于中国自己的文化土壤并因适应世界大势而不断焕发生机与活力的"中国创造"。

由此可见，会馆是中国传统社会变迁中颇具特色又不可或缺的社会组织，它展示着社会变迁和官绅、商人及其他各阶层人们对社会变迁的适应，意味着在传统行政体系之外民众的自立、自治与有序社会秩序的建立，从而在推进中国社会由传统走向现代的过程中发挥着积极作用。

一 悠悠乡土情：会馆萌生的原动力

　　中国古代久有易籍为官的传统，一个人在外为官，除了要扫除语言上的障碍，还要克服思乡的焦虑，难怪中国古典诗词中有很大一部分是思乡类诗词。思乡情感可以化为对家乡亲人的思念，可以化作对家乡方言的回味，也可以化作对家乡饮食的怀念。"少小离家老大回，乡音无改鬓毛衰。儿童相见不相识，笑问客从何处来。"家乡是人生启航的码头，家乡亦是事业有成的泊所，保持乡音是不忘本的表现。"富贵不还乡，如衣锦夜行"，取得成绩后回乡，倍觉荣耀。乡帮名人可以成为整个家乡的骄傲，可以激发家乡后人的进取心和自豪感，亦可以转化为家乡文化的"软实力"，从而保持地域竞争中的有利地位。

1 乡情聚乡人

　　对于外出为官的乡人而言，住在一处彼此均能获得心理上的寄托，不仅在身处逆境时能获得拯救和安慰，而且可以相互激励，彼此规劝，使各自事业更加辉煌。

安徽芜湖的官员最先挖掘了这一资源。安徽芜湖人在北京首先设置了芜湖会馆，民国时期的《芜湖县志》有两段记载。会馆的出现，依据目前发掘的史料大体可上溯到明永乐年间。

　　京师芜湖会馆在前门外长巷上三条胡同。明永乐间邑人俞谟捐资购屋数椽并基地一块创建。

　　俞谟，字克端，永乐元年选贡，任南京户部主事，转北京工部主事。在京师前门外置旅舍数椽并基地一块，买自路姓者，归里时付同邑京官晋俭等为芜湖会馆。正统间路姓后人构讼争地，谟子日升持契入质，断归芜湖会馆。至今公车谒选胥攸赖焉。

这里，俞谟作为京官买地建造旅舍，或许是作为亲朋寓居之所，抑或可看作官吏涉足商业活动的开始。他辞官归里时把这份产业交给同乡京官晋俭，作为芜湖会馆，我们可以把它看作芜湖乡人聚会的一个场所。这实际上是芜湖京官已形成同乡团体的表现，势必又将有利于芜湖的试子应考。对于寓居京师的官员来说，集中于会馆共叙乡情，这也是人之本能的一种驱动，这时的会馆体现为最直观的意义——集会之馆舍。它没有正式的规制，也没有顾及其后的维持办法，因为寓京的芜湖人士尚不太多，因而也无须作任何限定。应该说，这种状况维持了相当长的一段时期，直到明中叶社会经济积累到一定程度、商业活动大量增加之后才发生变化。这一时期流寓京师者亦多为官绅，他们毕竟是循规蹈矩、颇有积极进取精神与强烈社会责任感的一群儒家文人。

支持上述结论的论据还可举出一些。如江西浮梁在京师的会馆，位于"北京正阳门外东河沿街，背南面北，其一在右，明永乐间邑人吏员金宗舜鼎建，曰浮梁会馆"；又如广东会馆，由"永乐间王大宗伯忠铭、黎铨部岱与杨版曹胪山所倡建……厥后会馆改建于达摩厂"。同治年间的《南城县志》卷二载：

> 南城会馆在京城正阳门外东长巷三条胡同。明时为豪猾侵占，参政罗汝芳、侍郎朱大器捐赎修葺。中为正厅，翼以两房，东西二小院，房各六间，门厅一，门房二，正厅及厨房三间。大门上额曰："南城会馆"，罗汝芳书。

官僚们的活动场所却被"豪猾"们侵占，幸有罗汝芳、朱大器等享有盛名的官僚出面，才得以赎回。其他会馆有些就被别人强行占有，如管天申的《永丰县会馆记》记载了广信府永丰县（清雍正时改广丰县）会馆创建及产权变化的情况。会馆的维持其实是一项更困难的事情，往往必须依靠具有一定政治地位的人进行倡导、管理。

2　同乡官员的"面子工程"

　　显然，在明朝永乐皇帝迁都北京后，南方各省官员对鼎建会馆怀有极大的热情。在他们的积极倡导下，会馆这种同乡官员聚会之所便以民间自助的形式出现于历史舞台。

　　清初，周亮工曾在《闽小纪》中描写了一件关于福州会馆的逸事。据载，闽金宪林文缵携幼子林璧赴京谒补，路上遇到明武宗。武宗喜爱这个孩子，带到宫中作为养子，林文缵设计买通宦官让武宗放弃林璧。后来林璧在父亲的教育下科举及第，住在北京的福州会馆中，曾经服侍过林璧的宫女被放出后，找到福州会馆，见到了林璧。李景铭循此考证，不仅证实确有其事，而且证明"此时所谓福州会馆者，非今南洼之福州老馆，乃郭文安所谓在东城之福州会馆，亦即八旗未没收以前之福州会馆也。可见各省之设会馆，在明武宗世宗时，早已有之，林璧已成进士，仍寓馆中，则会馆非仅为试子暂居之地，且可为官绅侨寓之所。璧闻婢语，遂抱首哭，养之寓中，是同寓福州会馆。则明代旧制，会馆可以住女眷，亦可推知矣。林璧父子不附权贵，居京则寓会馆，归乡则家祠堂，此守廉介家风，不唯一郡之施，抑亦一馆之荣也"。由此可见，自永乐到正德、嘉靖年间，会馆仍主要是官绅聚会的一种场所，有的官绅甚至长期寓居其中，并允许女眷入居。李景铭说"明代旧制，会馆可以住女眷"，我们认为，还不如说早期会馆本无定制，为乡绅提供力所能及的服务就是其宗旨和初意。更值得强调的是，这时的会馆不仅仅可以聚乡情、寄乡思，而且承载了相互劝励、廉洁立身的理想追求，即"唯礼让之相先，唯患难之相恤，唯德业之相劝，唯过失之相规，唯忠君爱国之相砥砺，斯萃而不失其正，旅有即次之安矣"。实际上，明朝时作为留都的南京也有类似的会馆组织，并可见于文献记载，如福建莆田文献会馆建于明朝嘉靖年间，广东潮州会馆亦于此时创建。

二 会馆的衍扩：类型的多样化

会馆经历了一个不断发展壮大的过程，类型与数量都不断衍扩。中国人头脑中根深蒂固的观念——籍贯观念，产生于人口的流动之中。在长期的传统社会中，因为易籍任官的政治制度的影响，地域政治观念自秦已露其端，经魏、晋、南北朝，因士族与庶族的区分而凸显出来的地望意识更强化了这种观念。宋以后，科举制度的推行使不同籍贯的应试入官人士时常把本籍观念铭记心间，从而导致宋朝政治斗争都带有地域派别的色彩。

1 地域政治意识的强化

到了明代，起初曾取进士与举贡、杂流三途并用之法来选拔官吏，永乐皇帝以后进士成为取士的第一要途，重要的官职尤其是中央官职大都被"进士出身"的人所垄断。明代人把不是由科举入仕者视为异途出身，处处予以歧视。因此，谋求金榜题名是社会上一切读书人的愿望，有的依靠家族、乡族共同的经济支持得以入仕，家族、乡族当然是他们思恩报惠的首要对象，他们一旦进入仕途，便较易在激变的宦途中拉帮结派、结成朋党。人们说："仕臣独尊进士，而其中又有门户之党，出必由进士，仕必入门户。"同时，对掌权的大臣来说，千方百计援引同乡的进士和举人则是扩大个人权势、维护乡里利益的极好途径。《明史·选举志》中说：大臣"所举或乡里亲旧，僚属门下，素相私比者"。因此，在科举制度之下，地域性的帮派集团不断涌现，严重地左右着明代政治的发展进程。

在明朝宣德年间（1426～1435）民间便流传这样的民谣："翰林多吉水（今江西吉水县），朝士半江西。"这种局面的形成，固然离不开江西物华天宝、人杰地灵、经济发达、文化繁荣的社会背景，但也与明朝政府中居于要职的江西籍官僚通过开科取士营私舞弊不无关系，他们利用关系来暗结朋党，以致形成了一个江西派的官僚集团。例如洪熙、宣德年间，朝中江西籍的官员特别多，当时执政掌权的内阁大学士杨士奇就是江西人，整个宣德朝共录取进士 2081 名，其中江西一省就有 559 名，占总数的 1/4 强，故时人认为这是杨士奇"私其同乡所致"。

再如正德三年（1508），大珰刘瑾为了扩充阉党势力，将自己同乡 50 人的名单交给会试主考官，主考官不敢违抗，只得将他们全部录取。嘉靖年间，官僚利用同乡关系贿买钻营、串通作弊，更为普遍。如嘉靖四十年（1561）应天府主考官吴情主持乡试，他一次主考录取了同县 13 人，吴情和所录取的 13 人中既有座主门生之谊，又有同乡之情，极易在政治上形成一个无锡帮。

在此背景下，举子一旦中举，往往很快就为朝廷中的同乡大臣所网罗，从而壮大了本乡籍的在朝力量。如嘉靖年间内阁首辅严嵩是江西人，他就竭力笼络江西籍的士大夫，并与他们勾结在一起，组成了一个以他为首的江西帮，而朝中不少江西籍官员也趋炎附势，千方百计地巴结严氏父子，甚至有的"江西士大夫往往号嵩为父"，甘愿充当严嵩的走卒鹰犬，严嵩也恬不知耻地以江西籍官员之父自居。江西丰城某个新晋官员不愿充当严嵩的爪牙，严嵩即厉声呵责道："若非吾里子耶？何得为他人乃尔？"江西帮在朝中炙手可热，其骄横跋扈常引起许多非江西籍官员的极端嫉恨，一旦他们掌权，便大肆排斥江西籍官员，从而形成明代政治史上持续不断的派别斗争的局面。

实际上，地域政治观念的盛行，不仅影响有明一代的政局，而且左右着明清时期会馆的发展态势。《异辞录》说："京师为各方人民聚集之所，派别既多，桑梓益视为重，于是设会馆以为公共之处。始而省会，继而府县，各处林立。此等天然之党籍，较之树一义以为标帜者，未知利害奚若。在闭关时代，由座主之关系，或州域之关系，天然成为同志，谋公私利益而共守伦常大义，以辅国家太平有道之长基。较之罔利营私漫无限制者，损益相去，不啻倍蓰矣"。正如窦季良所说，乡土观念无法恰切标明乡土到底以何处为界限。一般而言，有时因为客观斗争形势的需要，小同乡又会归并到大同乡中去。

江西籍官员在朝势力的强大使江西会馆取得了极大的发展，整个明清时期，江西的在京会馆数量位居第一。清末的统

计显示：江西会馆为 66 所，山西会馆为 47 所，安徽会馆为 38
所，浙江会馆为 36 所，湖北会馆为 29 所，江苏会馆为 27 所。
其中，山西、安徽、湖北、江苏 4 省会馆都以商人会馆居多，
唯江西服务于仕宦和科举的会馆数量最多。万历三十四年
（1606），江西南昌之乐平会馆首次以省府试馆的名称出现于
京师，表明了大同乡之下小同乡的滋长。万年会馆也由礼部侍
郎邑人蔡毅中创建，坐落在草场四条胡同，房屋一重三间。乾
隆十二年（1747），祝启元等予以重建。

  在江西地方，各府州县也纷纷在省垣府城设置会馆，
如吉安府属的泰和县在同治年间（1862~1874）就在南昌
设有试馆 5 所，分别为"泰和试馆""云亭试馆""琼林试
馆""书升试馆""五六试馆"，而"五六试馆"则为该县
五十六都人士所独建，专为赴省乡试试子所设。福建曾以
"顶子多"（指官员）而著称，李景铭记载了明清时期福建
人在京师设置的 22 所省、府、州、县会馆，除延邵会馆属
于商人会馆外，其他会馆都把服务科举放在首位。在省城
福州，福建各府县亦争立会馆。旧时建宁府所隶属的建安、
瓯宁、崇安、浦城、建阳、松溪、政和七县，在福州市上
杭街建郡会馆，供同乡聚会或寄籍。后来，同在这条街，
浦城县又单独设浦城会馆。本来宁德府属在福州设一会馆，
后来却因矛盾分出福安馆，寿宁人寄寓福安馆中，但又因
福安人看不惯寿宁人，使寿宁人退出福安馆而在南台另设
寿宁会馆。在京师的福建各会馆，地域观念亦日渐加深，
有记载说："闽省旧惯，会馆可以通住，非必某府人驻某郡

馆，某县人驻某邑馆，盖视会试来京人数多寡及亲友与地势关系，彼此可通住。"如咸丰四年（1854），闽县孙翼谋、孙翼隆、孙翼恭三兄弟进京应试，不住福州会馆，而"同聚漳州西馆"。同治七年（1868），福州陈宝琛参加会试，也住在龙溪会馆。直到晚清，"凡是闽人，对于各馆，均可暂寓"。可实际上，像晋江邑馆就以"籍隶晋江者为限"。泉郡会馆也明文告示："凡非泉属各县同乡不得住馆。"龙岩会馆更甚，"有住馆之权利者，以现在籍隶本属者为限，从前祖籍，不在此例"。在省城福州，竟有连城十余姓各自设置的会馆。

会馆的分裂或许是分会馆对总会馆的烘托，或许是分会馆对总会馆的背离，其中，地域政治观念发挥着关键作用。京师和省城是国家和各省的首善之区，也是会馆集中的地方，这是由京师、省城作为政治中心、经济中心与文化中心的核心地位所决定的。最早出现于京师的会馆就是最早的会馆，它仅作为官僚仕宦的聚集场所，后来有的会馆继续保持这样的传统，也有的增添了服务科举的新功能，还有的专设试馆于城外。与此同时，侨居于京师的商人或投资于上述的会馆，或者另外建立商人会馆，呈现出多馆并存的兴旺景象。

2 明清京师各会馆的汇聚

不少省、府、州、县在京师设立两所或两所以上的会馆，有的还把会馆作了区分，如山东有试馆和会馆各一所。我们可以断定：山东试馆是服务于科举考试的专门会馆；而山东会馆则可能就是兼顾其他功能的会馆。在京师的广州会馆也有两所，一所为"士大夫私焉"，一所为"商人私焉"。尽管士大夫会馆与商人会馆在办馆宗旨上是一致的，但服务对象却各有侧重。

地域性是会馆的基本联系纽带，但地域的大小却各不一样，有的以两个省为单位，有的则小到以县为单位。在地域性的前提下，行业性会馆也纷然兴起，它们是地域性的同业人员取得京师该行业垄断地位的重要表征。

依朱一新、缪荃孙的《京师坊巷记》和近人马芷庠的《北平旅行指南》，我们可大体对北京的会馆进行初步统计，到清末，北京的会馆总数接近 400 所（见下表所示）。

各地在京会馆的分布及数额殊异，不仅不同省份在京会馆的数量有差异，而且各省会馆的分布区位亦各有侧重，这表明各省流寓京师之人选择的发展道路不一样。譬如，江西会馆有66 所之多，其中有 29 所集中分布在正阳门外大街，多把服务于科举放在首位，从而形成了明清时期江西籍官员把揽朝政的局面。而在山西会馆中，商人会馆则占较大比重，像颜料会馆、临襄会馆、晋翼会馆、潞安会馆、河东会馆、临汾会馆、盂县会馆、襄陵会馆、浮山会馆等都是服务于商人的会馆。应该说，京师的科举会馆与商人会馆的发展是相互依存、共消共长的。

清末各省在京会馆的分布及数额

省份	分布	内城	正阳门外大街	正阳门外东珠市口	正阳门外西珠市口	崇文门外大街	广渠门内大街	宣武门外大街	广安门内大街
华北	河北			1	1	1		2	5
	山东					2	2	1	2
	山西	1	4	3	6	10		7	13
	河南		1		1	2		2	11
	陕西			1				5	19
	甘肃							3	
	盛京			1					
华中	江苏		5	1				3	18
	安徽		8	4	3	4	1	1	16
	浙江	2	2	1	2	10		3	16
	江西		29	5	3	5		5	19
	湖北		1	1		17			8
	湖南		2		1	7		1	4
	四川				1			4	11
华南	福建		5	3	1	2		2	14
	广东		2	1		5	1	1	18
	广西		1			1		1	16
	云南		1					1	3
	贵州	1	1					2	3
不明				2					6
合计		4	62	23	19	66	4	46	194

　　南方人由科举谋求发展与北方人由经商谋求发展形成了互补共进的态势，夏仁虎曾说："北京工商业之实力，昔为山左右人操之，盖汇兑银号、皮货、干果诸铺皆山西人，而绸缎、粮食、饭庄皆山东人。"当然，大部分会馆并没有这种职业的分工与偏重，而是对"历来服官者、贸易者、往来奔走者"尽行收容。吕作燮先生认为："清朝北京的四百四十五所会馆……纯属同乡会馆，只要是同乡旅京人士，

均可到会馆聚会和居住，而每三年一次的科举考试时，这些会馆都必须接待同乡士子住宿……更多的会馆是多用途的。"

对大部分京师会馆来说，多用途实有其必然性。首先，京师是首善之区，来往京师的人势必很多，阶层成分也很复杂，但并非每一阶层都有能力创办会馆，经济实力是会馆得以创办的直接基础。其次，设在京师的为科举服务的会馆主要在科举开考期间才用于接待士子，平时很少有士子滞留于此，便可以服务于其他人士。闽人陈宗蕃说："会馆之设，始自明代，或曰会馆，或曰试馆，盖平时则以聚乡人、联旧谊，大比之岁，则为乡中试子来京假馆之所，恤寒畯而启后进也"。如歙县会馆对"初授京官与未带眷属或暂居者，每月计房一间输银三钱，以充馆费，科场数月前，务即迁移，不得久居"，之后又规定，"非乡会试之年，谒选官及来京陛见者，均听于会馆作寓，每间月出银一钱，按季送司年处"。前一条规定说有眷属者不能入居，是担心到时无法迁移，而单身京官却比较方便。康熙、雍正年间的谢济世总结说："京师之有会馆也，贡成均、诣公车者居停之所也，无观光过夏，则大小九卿、科道部曹、中行、评博、候补、候选者以次让；无宦游之人，则过往流寓者亦得居，非土著则不可，傲于人亦不可，例也。"这反映了京师大部分会馆的实际情况。

3 会馆家族的壮大

首善之区的繁盛势必影响到各地，南京曾是明朝开国的帝都，其后依旧作为南直隶，成为附近许多省份科举考试的所在，设在这里的湖南会馆、安徽会馆、八旗会馆、歙县会馆都发挥过试馆的功能。南京由于地位显赫，亦呈会馆聚集之势。"金陵五方杂处，会馆之设，甲于他省，中州在糯米巷，三楚在赛虹桥，旌德在党家巷，太平在甘雨巷，陕西在明瓦廊，贵池在黄公祠，新安在马府街，洞庭在徐家巷，崇明在江东门……若评事街之江西，武定桥之石棣，牛市之湖州，安德门之浙东，颜料坊之山西，天妃宫之全闽，陡门桥之山东，百花巷之泾县，殿阁堂楹，极为轮奂。江西会馆大门外花白楼一座皆以磁砌成，尤为壮丽。"吕作燮先生又从其他史料中找到了一些有关会馆的记载：中州会馆有新、老两馆，嘉庆年间，江宁知府吕燕昭在南通州任职时便捐资修葺糯米巷的老馆，后又在其旁创建新馆一座。安德门关帝庙有浙东会馆；窑湾有安徽庐江会馆、三河会馆；钓鱼台有由曾国藩府第改建的湖南会馆；下浮桥街有由桐城商人姚氏住宅改建的安徽会馆；聚宝门外西街有安徽金斗会馆；西华门大街牛市有浙江会馆；马道街有安徽庐州会馆；栏杆桥有徽州会馆；钞库街有新歙会馆；东牌楼有潜山会馆；油市街南有旌扬会馆；油市有福建会馆；水西门外有湖北会馆；另外，还有两广会馆、四川会馆、安徽金东会馆、婺源会馆等。在这些会馆中，有试馆，亦有官商合办的会馆，同时包含了较多的商业会馆。它们的兴旺也标志着南京这一政治中心、文化中心与商业中心的繁盛。

同京师一样，省城往往是工商业或商业的中心，因而服务于工商业的会馆亦多有存在。开封是河南省城，也是商业中心。康熙年间，寓居开封的山西商人和陕西商人在龙亭东侧修建山西会馆；到乾隆年间，山西商人和陕西商人合建山陕会馆。在山东省省城济南，从道光至光绪年间，客居济南的官绅商人就曾按籍隶先后在济南建立山陕会馆（道光年间）、湖广会馆、浙闽会馆（同治年间）、中州会馆、安徽会馆（光绪年间）以及江南会馆、浙绍乡祠。这些会馆除山陕会馆的服务对象以商人为主外，其余大部分是以服务于官绅为主。山东省省城济南的会馆，绅与商的组合是基本特征，但其指向在商。湖广会馆建于清初，同治九年重修，由湖南、湖北两省绅、商设立。浙闽会馆建于嘉庆年间（1796~1820），由浙江、福建两省绅、商组建，有200多人，商人居多数。山陕会馆亦由两省绅、商创立，商人居多数。这些都体现了商人与官绅相互依存的关系。

在福州，十余省份在此设立会馆，如江西会馆、湖南会馆、湖北会馆、河南会馆、两广会馆、奉直东会馆、广东会馆、安徽会馆、山陕会馆、蜀滇黔会馆、浙江会馆、全浙会馆、浙绍会馆、闽浙会馆、江苏会馆等，还有本省的兴安会馆、延平会馆、寿宁会馆、浦城会馆等，这些会馆都具有商业性质。傅衣凌先生说过："一般方志既不提当地在京师所建的会馆，更自忽略为当地童生赴府城考生员而设的府城试馆和为生员赴省城投考举人而设的省垣会馆，但方志中亦偶有记载，如广东顺德在乾隆期间实于广州城外有'邑馆'，诸乡绅及赴试文武生童必于此雇夫挑装入城。湖南邵阳于道光甲申在长沙建立省城'试馆'。湖南湘乡和酃县亦有省垣试馆。又有临海县在杭州设临海试馆，金华下属八县除金华系府城无需府试馆外，其余七县都在府城设有试馆。金华、兰溪、义乌、东阳、永康五县在杭州亦均设有试馆。江西乐平最早于万历三十四年（1606），在南昌设乐平试馆，另有府城饶州也设有试馆，又如鄱阳本身虽系府城，仍有郡城试馆。吉安府属的泰和县当同治期间在南昌已设有试馆五所，曰'泰和试馆'、'云亭试馆'、'琼林试馆'、'书升试馆'、'五六试馆'，'五六试馆'为该县五十六都人士所独建，专为该都赴省乡试试子所设。在福州则有永定试馆、永泰鄢氏试馆。"有的府县在省城设试馆，有的乡镇甚至也在省城设试馆，还有极少数颇有财力的家族设置试馆，似乎是在为本家族应试弟子提供更为悉心周到的服务。福建连城县就在省会福州设立了为赴省乡试士子服务的黄、罗、李、张、杨、项各姓试馆近 10 所。这些试馆大都在省会贡院附近，因为贡院为历代全闽士子考试的试场，试馆建在它的周围可以使参试士子就近进入贡院试场，更能使之产生如归之感，不致如飞鸦聒林，备受无处栖身之苦，士子还可以提前到省，住在试馆，静心攻读，充分准备。设在省城的州县会馆，在服务于科举之外，一般也为接待同乡同族人服务。总之，这一类

　　主要服务于科举的会馆大多由官绅出资兴建，也有少数为商人独资兴建，抑或为官商合资兴建。他们都把科举作为跻身仕途的有效途径，或为了相互援引，彼此奥援，扩大地方势力或家族势力，或为了使自己青史留名。这些会馆显示出较为浓厚的政治倾向性。

三　科第牵人心：京师
　　会馆阵容的凸显

　　自隋唐以来，中国实行科举取士制度。明代以后，科举考试推行三级考试制度童生试、乡试、会试和殿试，其中乡试和会试每三年举行一次，又称为"三年一大比"。乡试在省城举行，而会试则在京城举行。一个穷学生寒窗苦读十年才能有到京城参加会试的机会，虽然由政府出来京的车马费，但京城物价高，普通家庭难以承担赴考的费用。落榜后有钱的学子可以乘车马回家，三年后再考，没钱的学子只好留在京城，继续用功，这些清贫的学子住在京城举目无亲，其状何等凄凉！

1　乡人及第是京师全体乡人的荣耀

　　穷学生们的悲惨处境触动了一些曾有过相似经历的同乡。在有关人士的号召下，有钱有势的同乡于是集资在京城购置房子，辟为会馆，作为同乡学生的居留之所。今天的大使馆被称为"国中国"，而昔日的会馆则是异乡中的故乡，乡人一入会馆，就找到了家的感觉。此善举一出现，就引起了社会各界的热烈响应，于是地方会馆如雨后春笋般出现于京城。

明朝的统治者是汉族，所以会馆在京城各处都可以修建，到了清朝，统治者觉得内城聚居汉人有潜在的安全隐患，于是命令汉人迁到外城，同时规定：所有的会馆统统迁到外城。因此，会馆基本搬到了宣武门一带的南城，成为一个不可小觑的群落，辉煌的宣南文化或者会馆文化就此出现。同样的民族歧视政策还促成了大栅栏商业区的繁荣发达。

2　科第隆替直映会馆兴衰

梁章钜《归田琐记》中关于洪承畴的一则轶事表明，明末清初漳州会馆在发展过程中有一段低潮期。当时，福建各郡在北京都设了会馆，泉州和漳州各有一个会馆，关系较为密切。清朝初年，泉州南安籍的洪承畴受到重用，他时常去泉州会馆参加活动，漳州人往往被晾在一边。因此，泉州会馆时常热热闹闹，而漳州会馆则门可罗雀，冷清得很。有一次，漳州同乡商议去见见这位风光的老乡，但被洪承畴以公事繁忙为由拒绝，不过洪承畴承诺第二天他会到漳州会馆天后神庙拈香拜谒。漳州人受宠若惊，在漳州会馆进行了一番大扫除，并准备了上好的茶点，一听到洪承畴将到的消息后，马上整衣向前，面对车舆便拜。洪承畴在车舆中还了礼，便匆匆拈香拜谒，然后与在场的漳州同乡寒暄几句，随即匆匆离开。见到洪承畴的漳州老乡都有荣耀之感，却又感叹见面的时间转瞬即逝。文中记述的泉州会馆的"欣欣向荣"与漳州会馆的"集枯"恰成鲜明对照，洪承畴作为泉州籍代表是泉州会馆兴旺的重要保障。漳州会馆的人们想倚恃同乡的关系而获益，因为过去"泉漳两会馆本系各一，乡谊最昵"，但洪承畴的态度却颇显傲慢，对漳州会馆的关照虽有，与泉州会馆比，则相差悬殊。一方面，地域政治观念的发展使京师会馆彼此独立；另一方面，会馆成为地域政治观念发育的温床。有的会馆为了本乡籍的应试子弟能更多入仕，甚至不惜采取作弊的手法。譬如光绪三十年（1904）的甲辰恩科会试，这场中国科举史上的最后一次考试中，福州会馆的舞弊行为堪为典型。当时福州、闽县和侯官县的来京举子，大多数聚集在福州新馆榕荫堂，进行考前的最后准备，侍郎张元奇、郭曾和陈璧以及府尹沈瑜庆等京官皆轮流到馆指点，恰逢陈璧任读卷大臣，直接参与录取工作，因此他"每日到福州二馆，督同试子，练习大卷"。那年两宫驻跸颐和园，殿试常在园中进行，读卷大臣须提前一天入园候宣。陈璧乃事先遣部员"以健马候于福州新馆，各试子殿试出场，即将策前一行，填为诗片，交马差半夜候门而出，天未明已代递，而读卷大臣之命下，陈侍郎果承钦派，故其门人多数皆列二甲"。这种不平等的竞争，使不同会馆之间的矛盾日益尖锐，更促使地域政治观念向不健康的方向发展。这个事实表明，各地会馆的发展与在京官员的品级、人数、品德及好尚都甚有关系。事实上，会馆的初建往往是某些官吏倡导和捐助的结果，会馆的扩建与增宏也与官吏的捐助有直接联系。

从史料中看，漳州会馆在清初短暂的低潮之后，却迎来了不断发展壮大的新局面。"有太史叶昊庵与天部戴紫杓先生毅然以其事为急，首捐百金以倡……苏昂邦先生力主其事，复捐赀百金，黄宫保先生邮寄亦如之，是岁公车并至，又酿得一百八十两，南宫榜放，隽者八人又捐四百金，一时在任居官邮寄未齐及数科高发未及题交者尚约有数百金，因将所有各银额举置会馆于城之冰窖胡同，为堂二房十有一，修葺更新，以崇祀郡神，敦洽梓谊，而垂诸永久也。"这时，漳州会馆呈现出振兴之势。

顺治十八年（1661），漳州会馆用银900两买得郭永温瓦房两所，门面房共5间，通后连厢房大小共计房16间。雍正五年（1727），漳州西馆典民人阮莱亭煤市街房屋一所，共计42间，为西馆北房。"雍正六年（1728），宗伯文勤蔡公以公车日盛，连不能容，率合众力别典煤市宅一区直陆百两，时林君孚亭谒选留京，捐金肆拾两以成父志，郡人义之。"乾隆二年（1737），官京师者张君愧日、蔡君倬云次明方等再谋恢张，这时恰有"林君适以黔中别驾卓异入都，慨然复捐百金为倡，众无不踊跃争效者，合旧遗新，酿得五百余金，以四百有五十复典一区"，"坐落中城西坊，坐西朝东，到底四层，共计贰拾玖间作为西馆南房"。乾隆六年（1741），又典阮莱亭"自置铺面房四间"，即"成衣铺一间，房租陆百伍拾文，草铺一间，房租壹仟伍佰文，点心铺两间，房租壹仟叁佰文"。乾隆十一年（1746），又典阮载轩坐落于中城煤市街中间路西铺面房一间（用银27两）。会馆的房舍有了较多的增加，且有了铺面的收入。康熙五十五年（1716），由蓝大老爷、陈老爷、正红旗郭老爷、镶白旗何老爷、浙江提督吴大老爷、漳镇许大老爷、提标参府蔡老爷、翰林院吴大老爷、刑部郭大老爷并各位老爷"买得正黄旗张兴祖佐领下郝玉书有承祖明房地一所，坐落永定门外七里铺，四围共计地拾贰亩，为漳州义冢"。

与此同时，漳州东馆的修复与扩建亦不断进行。《重修漳州东馆后座记》载明像修葺后座这样的小工程亦必须得到众人的支持。康熙六十一年（1722）的《重兴东馆记》记述了因东馆"原屋购自民间，又压于邻居，且历年风雨，几番地震，栋宇欹斜，门窗倒侧，大为不堪"，因而众起倡议，捐金630两对会馆进行了全面修葺。乾隆二十年（1755），蔡新有感于"我漳东馆之建，其来已久，惟馆舍不及西馆之半，后有界墙，旧留小院仅足容膝，墙外隙地数武尚属他人"，故将银6两捐出，先购得此隙地，后又增筑东馆后院3间，"土木工役之费糜白金五十两有奇"。道光二十四年（1844）的《重修东馆记》中说："因目击阶垣多圮，栋桷就倾，咸谓及今不修，后且益难为力，于是佥议捐修，多寡厚薄，各随其愿，力以集腋而成裘，即于是岁秋七月诹吉兴工，及九月而竣，堂宇房舍焕然一新，爰燕而落之。"重修过程中"计捐金三百七十八两正，修葺中进神堂一座，前后进房屋十间，厢房六间，门楼一座，每房置木床一、桌一、椅二，共费银三百五十五两六钱六分，尚伸银二十二两存修西馆门楼一座"。会馆的修葺、增宏经常起于有志者的捐助，带有很强的自致性，其内在的驱动力就在"皆诸同人好义秉公，以实心行事，而无忘诸先达意也。所愿后有作者咸体此意履而行之，庶几美彰盛传，而我漳观光之士益日起以鸣国家之盛焉"。漳州会馆就是依靠这些捐助在乾隆五十四年（1789）、嘉庆四年（1799）、道光二十年（1840）、光绪七年（1881）等年份不断修葺西馆、土地祠和义冢的。嘉庆时漳州人李威就说："夫上下百余年，吾乡人之服官及往来都下者莫不共襄馆事，以联桑梓之情，直与同室之人无异。"这段文字揭示了会馆延续发展的奥秘。

除了前面提到的自致性捐助外，会馆也有其他的几项常规性收入，如漳州会馆在顺治朝时有关于喜金的规定。"喜金初至国学壹两，明经壹两，新乡榜贰两，新会榜肆两，会元及第倍之，文武壹体特用及世爵恩荫荐辟之考等则八九品者壹两，七品贰两，六品肆两，五品以上捌两，三品以上拾陆两。铨官则外部壹两，明经贰两，乡榜叁两，会榜伍两，庶吉士伍两。荣升则科道铨部各拾伍两，各部伍两，册封恤刑差回伍两，典试关仓等差陆两，太守陆两，各司道捌两，大参按察拾两，方伯拾伍两，巡抚京堂贰拾两，尚书侍郎贰拾肆两，相公叁拾两，起复补官则照各衔充半。京官则每年贰两。入觐进表则两司拾两，太守捌两，府佐州县各陆两，首领佐贰各贰两，武衔则照文官品秩充银如其数。"参看李景铭的《闽中会馆志》中的各会馆以及前举的汀州会馆史例，喜金是各会馆基本的常规性收入，其数额与该地考中人数与入仕人数密切相关。

正因为如此，会馆亦都把服务于科举放在重要的位置，如漳州会馆把它得来的收入"除葺修费外，余资作为应试卷资"。又如建于乾隆年间的龙溪会馆，"遇文武会试乡试及成均肄业诸君子试卷笔墨之费，可取资于是，聊为斯文润色"，"如有试京兆、肄成均及内外教习效力各馆者，无论甲科贡监，每平均得取资六金，乡试时另资卷费二金，其余以供文会试卷费，恩科则就现在已收之息均分，又以六个月之息供武会试，如文会试之例"。有的会馆还资助考生盘缠，对家庭贫困和落第举子予以特别关照，如龙岩会馆的创始人段云龙"嘉行善事，而待士尤厚，某科会试，闽之举子，以三试不售，家贫，困于贫不能回闽，将自经死，段闻救之……邀往其家，厚遇之，三年竟入春闱"。

龙岩烟商段云龙鉴于原属漳郡的龙岩升为州，"以计偕试部者云集，仍漳旧馆，几无可容"，乃捐资建立起龙岩会馆。他"爰将石头胡同房屋一所，大小址八间，价银五百两，谨先捐出以为之倡，而尤幸我同乡诸君子许其衔石之诚，各有解缠之举，鼓舞一心，共襄盛事。崇门启宇，堪设宴而肆筵；慎钥司阍，为迎来而送往。从此规模式廓，渐睹竹苞松茂之华，行将文运幸兴，仁瞻璧聚奎联之盛"。其以一商之独力捐助，以备举子京员之居，并规定："住馆之例，京官让候补候选，候补候选者让乡试会试廷试，不得占住，以妨后人，其余杂事人等，不许住宿。"商人奉士人为上位，自我贬抑的情绪跃然纸上。

乾隆年间，朝廷号召编纂《四库全书》，天下才子应政府之召北上，云集北京，会馆随之获得了较大发展。到了光绪年间，京城的会馆已多达 400 余所。之后，因为商业发展的需要，又一批会馆破土动工，到了民国时期，会馆几经兴废，尚存有 402 所。

会馆在设立之初是为了方便进京考试的学子，科举制度废除之后，外地来京人员也都住在本乡的会馆里。1928 年，国民党政府将国都由北京迁移到了南京，北京的政治地位下降，来京人员大大减少，会馆也就日渐空旷和衰落了。北京沦陷时期，会馆因疏于管理，一些居住者受了汉朝人魏勃的启发，将会馆出租，借此敛财，不过魏勃当年是为了朋友，而后来的居住者则完全是因私而忘公。到后来，有的会馆便成了几十口人居住的大杂院，而有的会馆则因年久失修而坍塌，而不复当初的模样。

3 京师会馆的个案

会馆作为凝聚在京的同乡官员和应试举子的场所，具有了一种社会管理的功能，其管理体制随着会馆功能的变化而不断变化。起初，大部分会馆实行馆长制，由本籍同乡公推德高望重、办事公道并有能力进行实际管理的京官担任馆长，负责制订章程并监督其实施、召集会议以决定重大馆务并对外代表会馆进行馆务工作。馆长任期多数为一年，也有两三年的。有的会馆一次选出若干名馆长，按年担任实际工作，称为值年制。公馆实行馆长值年制大抵在清末民初以前。至新中国成立初期，391 个会馆中仍有 35 个实行馆长负责制，如江西安福会馆、湖北孝感会馆等。1925年京师警察厅颁布的《会馆管理规则》规定："各会馆应由旅京同乡人员就在京同乡中有正当职业而公望素孚者，公举董事一人、副董事一人管理之。"直到1937年"七七事变"时，多数会馆实行董事会制。一般由在京同乡选出董事四人组成董事会，其中一人为董事长，任期一年（后改为两年）。至新中国成立初期，实行董事会制的会馆共70个。沦陷期间，伪市政当局规定，各会馆的管理机构统一称同乡会。由在京同乡组成同乡会，再由同乡会公举董事若干人组成馆产董事会负责会馆的管理，这种以同乡会名义管理的会馆多是省馆。长班是会馆的实际"中心"人物。有的会馆长班世袭，个别的竟达五六代之久。这些人对本籍在京同乡尤其是其中的京官、巨商等情况熟悉，对警察厅等市政管理部门熟悉，对会馆的事务熟悉。实际上，有些馆长、董事等也要受长班的左右。在兵荒马乱、政权更迭的年代，会馆的管理机构不健全，长班又往往是会馆的实际掌权人。一个精明能干的长班，不仅能很好地为本籍在京同乡中的权势人物服务，在馆务方面取得这些人的支持，而且对本籍同乡中三教九流各色人物都能应付裕如。他们能千方百计增加会馆的收入，增殖会馆的财产。会馆的财产，除了称为"主产"的馆舍外，尚有所谓"附产"，一般多为会馆积累资金另购的房舍或同乡捐献的房地产，为会馆收入的主要来源。此外，一些会馆尚有祠庙、义园、学校等附产。有的会馆附产很多，是主产的许多倍。各会馆一般订有住馆的规章制度。早期的会馆管理是与试馆接待士子的主要任务相适应的，即会馆平时可接待来京之官员、客商，但均不得携带眷属，遇有考试之期，则应迁出，让给士子居住。废除科举制度以后，会馆仍有接待来京学子和候补官员暂住之规定。原有的主产不收租金、不接纳眷属和长住、不接纳外地人员等规定，到后来也逐渐废弛。会馆同住户最终形成房主同一般的房客的关系。会馆的收入主要靠房租，包括主产、附产的房屋租金，义园停枢、安葬也按年收费。很多会馆都明确列出各种收费的规定。此外，早期的许多会馆对本籍在京人员考试及第、分发候选、捐请封诰、除授官职、荣转升迁以至高校毕业、留洋归国者，各按不同等级，规定不同数额的喜金，作为会馆的经常收入。义园是有些会馆的重要附产，本籍在京同乡中死后不能归葬原籍者可殡葬于本籍的义园，这是会馆的一项义举。有的义园在逝者的灵枢被运回原籍时，会馆还给予一定的补助。有的义园还可以让逝者家属留住，以便于送葬、祭扫。义园有专人管理，由会馆支付各项费用。每年冬季这些人到会馆去领取"皮袄钱"。当然，在义园停枢的家属对管理人员表示感谢，也会出资相助。为了使本籍在京人员的子女得到受教育的机会，许多会馆资助教育事业，其中一般的做法是对本籍在京人员上学的子女按年龄不同定期给予补助。有些会馆还在北京市民政部等部门领导下捐资救灾，如发放寒衣、办粥厂等，虽然不能从根本上解决问题，但不失为值得称道的善举。

北京的安徽会馆建成后的用途却与京城其他会馆不尽相同。它既不是试馆，也不是行馆，而是专供安徽籍的淮军将领、达官贵人在京活动的场所。这在北京会馆中是颇具特色的。北京的安徽会馆修建以前，在北京只建有安徽一些府、州、县的会馆，而没有安徽省全省的大型会馆。当时这些府、州、县的会馆规模较小，遇有大型集会，就要借用他省之会馆，十分不便。清朝末年，以李鸿章为代表的安徽籍人以军功或科举考试得富贵、功名者甚多，他们迫切需要一所大型会馆作为安徽籍人在京活动的场所。清同治五年（1866），安徽籍京官吴廷栋、鲍源深等人倡议集资，要在京城修建一所安徽省全省的大型会馆，即北京安徽会馆。他们的倡议当即得到安徽籍京官和淮军诸将领的积极响应，并且得到了当时的湖广总督李鸿章的支持。

安徽的歙县会馆，其创建者 36 人全部是商人，如杨忠、鲍恩、许标、叶栾、吴文辅、程用卿、俞良京、仇自宁、鲍鉴、汪云、江在、曹守中、巴潞等。捐建歙县会馆的除了本地人外，甚至亦有外邑人捐资，如婺源人方邦度、潘怀和绩溪人黄腾宇。在歙县会馆建成之前，歙县的在京人员或寄寓新安会馆，或在新安会馆被他省人占据之时借用浙绍会馆。歙县人以身在程朱故里为荣，"吾歙为秦旧县，黄山练水，世毓名贤，程朱遗范，渐摩熏染，情谊深而风俗厚，虽侨居寄籍他郡邑者，类皆不忘其乡，依依水源木本，矧京师为冠盖所集，可无会聚之区，以讲乡谊而崇古道哉"。虽然明代许标等于城西建过歙县会馆，但久远已倾。乾隆五年（1740），侍御史南溪吴君乃倡建歙邑会馆，以复前明之旧。参加捐助的人员有刑部江西司郎中议叙三品黄履吴、内阁学士前礼部侍郎李绂、兵部右侍郎凌如焕、大理寺少卿周炎、山东道监察御史吴炜、翰林院编修吴华孙、翰林院编修朱桓、刑部浙江司员外郎胡宝泉、兵部职方主事张肇殷、候选主事洪本仁、贵州安顺府永宁知州易学仁、候选通判汪淳修、候选州同程豫、候选州同方远、候选州同程德星、候选州同鲍思叙、选经历范振芳。其中，黄履吴所捐资金占捐资总额的绝大部分。

在歙县会馆的建立过程中，人们习惯于把京师会馆与古代郡国邸舍进行比附。"古者郡国于京师各有邸舍，考之前汉《百官志》：郡国邸舍设长丞主之，其后历代相沿，虽不领于官，而会馆之设实祖其意。"

歙县会馆以解决本县各乡会试试子的需要为先，在此基础上如有剩余房间，可以考虑给徽州范围内的各县子弟住居。会馆反对放债生息，认为这是风险较大的行当。会馆的管理交给看馆者，"看馆人役给住房三间，又将隔舍车店租息每月给赏一千文以为工食。原备役使及看守门户查点什物而设，倘怠惰污秽并容留匪类及盗卖馆中桌椅私借等弊，送城究治，即行驱出另召"。歙县会馆虽然由商人负责经营，而实际上却完全是服务于科举。明清歙县科举登录人数高于一般县份，不少商人子弟也由此踏入仕途。因此，我们说，明清时期的商业与科举在有的时候竟达到互补共进的和谐，即如寺田隆信先生所说："歙县会馆从扬州盐商那里得到了巨大的经济援助，而居住在北京的茶商也参加了会馆的管理，负担了一部分经费……但是，会馆是专门用于科举应试者（偶尔也有官僚们）的设施，禁止商人使用。"明清时期商人投资会馆与商人子弟的入仕都会把商业精神带入会馆的创办发展过程中，由于商业资本的渗入，明清科举制度发展增加了新特征，会馆因此更加蓬勃发展。乾隆三十二年（1767）的《捐资会馆生息记》说，曹竹虚从淮南捐输五百金每年生息资会馆之用，接着又有许鹤洲置产租息归会馆公用，吴灿远提议将厘头转归义庄，由此"会馆有备而无患"。

光绪三十一年（1905），随着科举制度的废除，文人会馆也就逐渐衰落。然而，会馆这一特定历史条件下的产物，对北京的文化、经济、政治的发展起到了一定的作用。《北京市宣武区志》总结了会馆的意义：会馆文化的兴盛，源自全国各地数以万计的举子、官员、商人将各地不同的文化带进北京。同时，他们又将京师文化传播各地，促进了文化交流。

四 商界排座次：商业 都市中的会馆竞胜

明清时期，城市兴盛首先表现为商业的繁荣，会馆一定程度上成为各商帮展示实力的舞台。

1 会馆见证京师是晋商的天下

北京作为帝都，商业极为繁荣。山西商人因为占有地利之便，首先取得了在京城的贸易霸主地位。山西商人在京城建立的商人会馆也最多。

晋翼会馆在崇文区小江胡同，坐东朝西，清雍正十一年（1733），由山西翼城布行商人建立，故又称"布商会馆"。它是同乡同行业商人为保护自身利益而建立的行会组织。有碑文记载：翼城布商最初在蒋家胡同购买房院一所，将旧房全部拆除而建会馆。会馆共有四进院落，前后廊舍共25间。主建筑为面阔三间的神殿，中厅设关夫子像，左间为火神金龙大王，右间是玄坛财神。神殿前有卷棚大厅、罩棚、戏台等建筑。神殿内部龛座辉煌，烛几焕彩，享献有殿，奏格有台。同时，祭神之器、宴馔之具样样齐全。每逢节期朔望之日，乡人便来此焚香瞻拜。乾隆至嘉庆年间会馆屡次重修扩建，除神殿、戏台等建筑外，房舍增至39间，规模更加宏大。现主要建筑尚存，神殿为三开间，进深三间，双井勾连搭卷棚硬山顶，殿内神像已无存，仅存木匾和雍正十一年（1733）庚子举人张道炯撰与国子监监生卫绩康书写的"创建晋翼会馆碑记"石刻两方，此会馆现为民居。

临汾会馆乡祠在崇文区打磨厂，为明代山西临汾的纸张行、颜料行、干果行、烟行、杂货行等五行商人创立。临汾会馆乡祠又称临汾东馆，于清乾隆三十二年（1767）重修。乡祠坐北朝南，共有两进院落，北房均面阔五间，东、西配殿各一间，现存的建筑还很完整，东过道壁上嵌有乾隆三十二年重修后镌刻的"重修临汾东馆记"和光绪九年（1883）的石刻"京师正阳门外打磨厂临汾乡祠公会碑记"，这些碑文也是研究北京会馆发展的文献资料。

其他商帮的会馆在京师亦有存在，譬如福建延邵会馆在崇文区瑛子胡同。该馆始建于清乾隆四年（1739），为福建延平、邵武二府纸商合资兴建，又称"纸商会馆"。馆坐西朝东，主体建筑是一座南向的悬山卷棚顶的大戏台，设有神殿，供奉"天后"，戏台四周环绕廊屋，当时福建纸商多于冬季十月以后入都售纸，常来敬神、看戏，会饮于此。所谓"天后"，据传说是北宋建隆年间福建莆田林氏之女，出生时天有异象，因而号称"通贤灵女"，自幼聪慧，无感不通。她13岁时得远通道人秘法，后得道升遐，乡人为她立庙，屡显灵异。南宋绍兴年间，朝廷封其为"灵惠夫人"；元代称其为"天妃"；清康熙皇帝加封其为"天后"。福建商人越海经商前大都祭祀天后，以保旅途安顺。延邵会馆的戏台、廊屋等主要建筑几经修缮，至今犹存。原会馆内有道光十六年（1836）的石刻"延邵纸商会馆碑"，今已无存。

2 商业都市中的会馆争胜

明清时期的商业都市几乎可以用会馆的数量和规模作为衡量其繁盛程度的重要指标，这一点在苏州、汉口、佛山、上海、重庆均能有所体现。这些城市中的会馆，皆粗柱大梁，雕梁画栋，建筑雄伟。会馆里一般设有正殿、偏殿、正厅、客厅、戏台和住房等。会馆的门坊建筑十分讲究，门坊多用青石雕磨制成，两侧有石雕、壁画，前面有石鼓、石凳、石狮。

在工商都会，商人会馆规模更宏大。商人会馆一般随着其产业的壮大而不断增宏。如清初番禺、顺德、新会、南海四县来湘潭做买卖的人合建会馆，后随着各县经济实力的加强，一分为四，番禺有番山堂，顺德有凤城堂，新会有古岗堂，南海有粤魁堂，各自设立规约，处理同县人事务，四县人有共同利益时则一致行动。他们往汉口贸易时，亦于康熙五十一年（1712）建立会馆，乾隆九年（1744）又增建，式样仿湘潭。40余年后，堂宇荒废，乾隆五十四年（1789）遂改筑，增大规模，太平天国运动时遭破坏，后又由同县人合力重修，到光绪年间，经商者开始以课税收入作改筑增设之用，到光绪十七年（1891）一座宏大的岭南会馆便告落成。这表明商业会馆的荣衰与经商的同籍人的多少、客籍同乡官员多少、社会环境的治乱有密切关系。

开封山陕甘会馆起先只有关帝庙，接檐香亭五间，旁设两庑，前为歌楼，外设大门。嘉庆四年（1799），会馆重修，道光四年（1824），神殿扩建为和卷棚、拜殿连为一体的宏伟建筑，次年增建六柱五楼牌楼一座。道光十四年（1834）重修牌坊，将东、西两庑各扩大为八间，并建起钟楼和鼓楼各一座，铸置钟鼓。同治四年（1865），重修后道院，从而形成一组壮丽的建筑群体。开封山陕甘会馆现存建筑有照壁、戏楼、

开封山陕甘会馆

钟楼、鼓楼、牌坊、厢房、拜殿、卷棚、大殿和东、西跨院。跨院有上房、卷棚、廊房和堂戏楼，是当时举行堂会之所。会馆借用关帝，把建筑规格提高，用料考究，雕刻繁复。木雕图案许多取材于三国时期的故事，显示了对中国传统文化的弘扬。

在汉口，从顺治十三年（1656）到 1917 年，可考会馆数量达 181 所，其建筑多为高墙广厦，精美坚实。绍兴会馆的梁柱都是方大数抱的汉白玉；江西会馆的墙壁均为瓷砖，屋瓦全是描青的瓷瓦；清军火焚汉口时，九处火头环绕安徽会馆，安徽会馆却依然完好无损。史籍记载，康熙七年（1668），徽属六邑歙县、休宁县、祁门县、婺源县、黟县、绩溪县士商在汉口修建新安公所，康熙三十四年（1695），新安公所扩建为新安书院，创办学堂，为本籍子弟提供求学场所。雍正十三年（1735），这六县在汉水边开辟新安码头，修建魁星阁和紫阳坊。山陕会馆始建于康熙二十二年（1683），毁于咸丰四年（1854），复兴于同治九年（1870），于光绪二十一年（1895）竣工。山陕会馆是汉口规模最大的会馆。山西平遥人冀麟在《汉口西会馆总图记》中写道：汉口"国朝以来，繁盛称最，庙宇随在竞胜，金碧照耀，唯西会馆规模正大，雅冠众构"。《汉口山陕会馆志》是在会馆工迄后的次年（1896 年）修撰成功的。山西灵石县人何厚康在序言中说："山陕秦晋姻好之国，地近而人亲，客远而国亲，适百里者见乡之人而喜，适千里者见国之人而喜，适异域者见似国之人而亦喜。汉上去秦晋益远，秦晋人于汉上益亲。其会而有馆也，亦然。"山西、陕西两省的商人联合，自然势力较大，该会馆的建筑群包罗了照

壁、门楼、回廊、钟楼、鼓楼、月台、圣泉井、佛殿、启圣
祠、司事馆、魁星楼、诚敬堂、天后宫、三官阁、乐厅宫、财
神殿、吕祖阁、文昌宫、戏台、戏楼、报功祠、斋厨、七圣
殿、轿厅等。山西商人是汉口金融业的主导力量，山陕西药商
亦势力雄厚，关圣帝正殿就是该帮首人出资于同治二年
（1863）修建的，也叫西关帝庙，后又有关夫子春秋楼，或称

广西百色粤东会馆

夫子庙，供奉"关夫子读《春秋》"像。

在工商城镇，商人创建的会馆是便利商业活动的处所，在有的地方，会馆的建成是与当地土著斗争的结果。在江西吴城，起初广东商人倡建会馆，然而当地的封建势力禁止他们动用本地的一砖一瓦，广东商人只好在运粤糖到赣的船中，每袋糖里夹带一块砖瓦，仅用了不到两年的时间便建成了一座规模较为宏大的广东会馆。由此可见，外地商帮要取得发展，有时会遇到土著封建势力的阻挠，但是这种阻挠作用是有限的。全楚会馆、山西会馆、浙宁会馆、湖南会馆、徽州会馆、潮州会馆、麻城会馆等纷纷在吴城建立起来，加上本省各地的会馆共有48所。吴城已不仅仅是一个地域性集镇，已经与全国连为整体。

设在苏州的48所会馆中有27所为商人专门出资兴建，其他21所为官商合建。作为商业城市，"姑苏为东南一大都会，五方商贾，辐辏云集，百货充盈，交易得所，故各省郡邑贸易于斯者莫不建立会馆"。由于苏州地处交通枢纽之地，南来北往的官绅很多，因而即使是商人建立的会馆，经常也能容纳官绅，如潮州会馆就规定："凡吾郡士商往来吴下懋迁交易者，群萃而憩游燕息其中。"《金华会馆碑记》中说："吴郡金阊，为四方士商辐辏之所，故建立会馆，备于他省。吾乡金华郡治，实统有数邑人士，或从懋迁之术，或挟仕进之思，莫不往来于吴会。乾隆初年始倡议募资于金阊门外南濠地，创构会馆，供奉关圣帝君，春秋祭祖，于是吾郡通商之事，咸于会馆中是议。距乾隆年来，逮今已有百祀。"《武安会馆碑记》说："苏州东南一大都会也，南达浙闽，北接齐豫，渡江而西，走皖鄂，逾彭蠡，引楚蜀岭南，凡弹冠捧檄，贸迁有无而来者，类皆设会馆，以为停骖地。"八旗奉直会馆甚至还主要服务于往来于苏州的游宦，其《八旗奉直会馆名宦题名碑》中说："吴趋东南一大都会也。吾乡官斯土者代有名贤，故游宦之人日萃集焉，八旗奉直会馆之设，为游宦者群集之所，亦以协寅恭敦乡谊也。"吴兴会馆"系乾隆五十四年浙湖闵峙庭中丞抚苏时建造。虽为绸绸业集事之所，而湖人之官于苏者，亦就会馆团拜，以叙乡情，故不曰公所而曰会馆也"。上述会馆不同程度地反映了商与官的结合，但商人设置的会馆和专为商业服务的会馆却占绝大多数，这是因为苏州除了是一个政治中心外，更主要的是已成为一个商业城市。《钱江会馆碑记》中说："会馆之设，肇于京师，遍及都会，而吴闾为盛，京师群萃州处，远宦无家累者，或依凭焉。诸计偕以是为发梆弯鞍之地，利其便也，他都会则不然，通商易贿，计有无，权损益，征贵征贱，讲求三之五之之术，无一区托足，则其群涣矣。"有的会馆还具有行业性，如乾隆二十三年（1758）浙杭绸商建立钱江会馆，乾隆二十七年（1762）常州府猪商建成毗陵会馆（别称猪行会馆）。咸丰二年（1852），旅居江苏江都仙女庙镇的湖北木商建湖北会馆（又称木商公所）。咸丰八年（1858），上海木船户禀准设木商公所，光绪二十四年（1898）改名木商会馆。这些会馆的行业性与同乡性并存，这里揭示了京师与工商城市会馆的内在差异性。

安徽芜湖亦是长江沿岸的商业城市，这里分布着众多的会馆。山东会馆早在明朝便建在芜湖县外下一五铺杭家山脚下，湖北会馆则由旅芜船户与官商共谋恢张。湖南会馆原建于丹阳乡观音桥后禹王宫旧址，到同治时由曾国藩等同乡官商捐资另购西门外升平铺基地重建会馆。广东会馆于光绪十五年（1889）由粤商米号筹资建筑，亦名广肇公所，因在芜业商者中以广州、肇庆两府之人居多。潮州会馆"在江口驿前铺，光绪十二年由潮商米号筹资建筑，潮人之商于芜湖也，以米为大宗，囊以无集合地常失地利，因亟营造会馆一所。凡三重，前为正门，颜曰潮州会馆，门以内悬米业商会"。泾县会馆由商人集会之所演变为士商共同捐资兴建。太平会馆"即仙源公所，在西门内长街，同治五年由太平旅芜士商捐建"，旌德会馆创建于道光十年（1830），为同乡集会之所。山陕会馆"在下一五铺严家山下初秦晋会馆，原在范罗山右护国庵，嗣因与鲁人清理，将护国庵划为山东会馆。光绪三十一年复在严家山下定慧庵旧址建筑会馆"。安庆会馆"一名六邑公所，在二街，光绪三十一年由安庆六邑米商筹捐购地兴建，计屋四重，凡六邑，米商有事咸集议于此"。江苏会馆为江苏士商所建。宁波会馆由旅芜宁波人共建，浙江会馆"在西门外石桥港巷内，光绪十九年安徽巡抚沈秉成、皖南道袁昶及旅芜浙江同乡捐资购地创建"。江西会馆"在驿前铺，同治十年安徽巡抚吴绅修捐，其购置住宅，复经旅芜赣人集资改造为江西全省旅芜士商集会之地"。福建会馆由闽省旅芜商民醵资建筑。潇江会馆是由临清旅芜木商捐资建成。这些事例表明会馆或由商人共建或由官商合建，其目的在于或由商人自行管理，或由官绅把握会馆的发展方向。

扬州地处南北交通之枢纽，是当时盐铁的转运港口，各方货物在此集散，一时商业鼎盛，故外省旅居扬州者亦多，多有会馆设置，如山陕会馆、岭南会馆、湖北会馆、湖南会馆、江西会馆、安徽会馆和靖江会馆等。而湖南会馆、江西会馆和安徽会馆集中在扬州新城"花园巷"，显示了该区商业的兴盛。

在河南洛阳，山陕会馆于康熙至雍正年间建于老城南关菜市东街，于嘉庆年间重修，于道光十五年（1835）再次大修，占地面积近百亩。潞泽会馆（原名关帝庙，1941 年改此名）始建于乾隆九年（1744），位于洛阳老城东关新街南，占地面积约 26 亩，乾隆二十四年（1759），建造关帝庙时，由 2 府 7 个行业的 225 家商号捐银 36243 两。乾隆三十二年（1767）五月，山西潞泽 6 个行业 90 家商号，又捐银 1100 两，在洛南曹屯村购买香火地约 131 亩。

在上海这样近代以来兴起的商业城市，会馆的设置亦层起迭出，到晚清时，上海的会馆、公所总数超过 400 所。于康熙五十四年（1715）建立的商船会馆堪称最早，随后建立的会馆包括：建于乾隆十九年（1754）的徽宁会馆，建于乾隆二十二年（1757）的泉漳会馆，建于乾隆四十八年（1783）的潮州会馆，建于嘉庆初年的建汀会馆，建于嘉庆十七年（1812）的新安会馆，建于嘉庆二十四年（1819）的浙宁会馆，建于道光十九年（1839）的潮惠会馆，建于道光二十一年（1841）的湖州会馆、江西会馆，道光年间建的山西会馆、山东会馆，建于咸丰五年（1855）的茶业会馆，建于咸丰七年（1857）的浙宁会馆，建于咸丰八年（1858）的木商会馆，建于同治初年的洞庭东山会馆，建于光绪二年（1876）前的徽州会馆、绍兴会馆、丝业会馆，建于光绪三年（1877）的药业会馆，还有建于光绪十二年（1886）的揭普丰会馆、湖南会馆，建于光绪十五年（1889）的楚北会馆、沪北钱业会馆，建于光绪三十一年（1905）前的东鲁会馆，建于光绪二十三年（1897）的三山会馆，建于光绪三十二年（1906）的嘉郡会馆，建于光绪末年的沪南果橘三山会馆以及建于宣统年间的常州八邑会馆、彩票会馆、南海会馆、定海会馆，还有年代不清的通如崇海会馆、湖州会馆、舟山会馆、顺德会馆、全皖会馆、晋业会馆、顺直会馆、淮安会馆、苏州会馆、钱江会馆、浙绍会馆等。另外，还有许多不以会馆命名的公所、堂庙等。当时的竹枝词中说："江干市舶集如云，会馆巍峨列郡分。闻说建汀名最著，地灵筹笔驻行军。"福建商人在上海曾经执商界之牛耳，当与福建商人笃信海神护佑的信仰有关。"东西洋货客争掮，脚底生涯走露天。东手接来西手去，个中扣用五分钱"，"央求荐保费吹嘘，入市而今胜读书。底怪门前桃李少，束脩多半付陶朱。"人们丢开书本，投身商海，为的是经商有无穷的机会，为的是能获得成功。于是，上海这个海滨之地，"南通闽粤北辽燕，海陆珍罗价万千。邑号海疆形胜地，却无洋面御烽烟"。上海成为南北海上贸易的中心。

潮州是明代以来粤东、闽西南、赣南物资集散地与出入口岸，明代广东三条主要商路之一的东路即是潮州大埔县的石上埠。从广州溯东江经河源、龙州、长乐、兴宁诸县，与梅溪、韩江、潭河三支流相接，再经石上埠与闽上杭县鄞江、汀水相

上海三山会馆

通，故石上埠为明代广东通往福建的主要通道，称为"东关"，当时"凡潮惠士宦商贾赴京入闽及江浙，舟止此处转输，络绎不绝"。潮州又有近海的地理优势，能够为内地人走向沿海提供便利。这里有一所汀龙会馆，因为"汀龙二州密迩毗连，据闽之上游，下与潮属为邻，地壤相接，且鄞汀一水南流直通潮郡，舟楫往来，众皆称便"。凭借便利的交通，汀龙商人在潮州建立起了自己的会馆。汀龙会馆"在潮州城开元街之西福胜庙右手下畔，坐北朝南。馆门当街正中为大门，门檐外加木栅门，左右二角门，门侧左右各一门房，直入中门，内为春秋演戏台，正中为天井、雨坪，左右二廊，道光戊戌年改建东西二酒楼，正厅堂为奉把天后圣母，正殿左耳厢为财神殿，右耳厢为福德祠，均祀木主，设神龛，前为天井，俱有门与酒楼相通，由财神殿左横屋一直深与馆基等，上为客厅，咸丰癸丑年改修，兹仍京都汀州郡乡馆额为'旅萃堂'"。作为纯粹的商人会馆，汀龙会馆表现出对京师汀州会馆"旅萃堂"的追随。在汉口、重庆、佛山、上海、天津等地的商人会馆亦有同样的心理追求。如天津的广东会馆在南门内大街，会馆内有门厅、大殿、配殿、戏楼、跨院、套房等建筑，天津的福建会馆的整体建筑包括戏楼、旗杆、山门、牌坊、前殿、大殿、后殿、配殿、钟鼓楼、藏经阁等。由于工商业会馆多有较丰富、稳定的摊派捐项、抽厘、房租等，建筑规制或更显恢宏，亦更能保持延续的发展。另外，这里还有两浙会馆、镇平会馆、汀龙会馆、茶阳书院（大埔会馆）、嘉应会馆（后称梅县同乡会）、鹏湖书院（又称丰顺会馆）等。其中，两浙会馆内有厅堂亭院、绿竹名花，前有池塘，清幽雅致。

佛山是明清时期兴盛起来的手工业城市，据罗一星先生研究，这里除了有 8 所地域性会馆外，更多的是体现手工业行业区分的行业性会馆。雍正十一年（1733），纸行商人在汾水铺长兴街创建莲峰会馆；光绪二十九年（1903）重修的铸造家既济堂会馆在凿石大街；另有汾水铺东宁街银行业的如意会馆、杉行的安顺堂会馆、绸缎行的闸义会馆、纱纸颜料行的源顺会馆，等等。这些行业性会馆包括了生产性行业会馆、销售性行业会馆，还有服务行业会馆，如琼花会馆（戏班）、长生禄位会馆、大会馆（佛山乡兵聚所）、道巫行会馆（喃呒聚所）等，这些体现了浓厚的行业性。

另外，在福建泉州有宁波组织的宁波会馆，馆址在南门天妃宫，奉祀天妃，每年三月二十三日妈祖诞辰日，就是行东集会日，在天妃宫演戏十多天。

总之，在工商业城市，由于商人势力相对较大，他们多半在会馆中占主导地位，有些会馆采取官管、商出资的形式，或许表明商人力量的薄弱以及他们对官府的投靠，或许官与商的界限并不分明，有的官衔即由商人捐纳而来，这其中大体包含了官与商的彼此融合。

3 会馆是工商城镇兴盛的标志

明清时期的商业发展还体现在宋元以来的墟市逐渐发展成工商型市镇。在这些市镇，会馆取得了较广阔的发展空间。

以江南为例。在清嘉庆朝以前，徽商就在吴江县盛泽镇建有义冢。嘉庆十四年（1809），徽商与邻邑旌德县商人共建徽宁会馆，与盛泽相邻的新堺、王江泾、黄家溪、谢天港、坛丘、周家溪等亦有徽商活动，"亦皆乐善捐输，不限界域"。道光十二年（1832），徽州府、宁国府商人在镇上建立徽宁会馆。其碑记中说："吴江县治南六十里曰盛泽镇，凡江浙两省之以蚕织为业者，俱萃于是，商贾辐辏，虽弹丸之地，而繁华过他郡。皖省徽州、宁国二郡之人，服贾于外者，所在多有，而盛（泽）镇尤汇集之处也。"早在康熙十六年（1677），山东济宁的商人已集资在镇上建立济宁会馆。另外，镇上还有山西会馆、济东会馆等。浙江的湖州乌青镇有新安会馆、新安公所、金陵会馆、丝业公所等，乌程县南浔镇有宁绍会馆（在北栅外下坝，嘉庆年间建）、新安会馆（在南栅，一名遵义堂，在南栅寓园前，于道光十一年即1831年建立，后又别置公所于醋坊桥东竹园，新安六邑商人之在南河镇，其殡室向仅附筑于青华馆）、金陵会馆（在南栅，广胜桥东北，光绪十一年即1885年建）、闽公所（即福建会馆，在南栅陈家土墩）、丝业公所（同治四年即1865年春，丝商庄祖绶、李桂馨、吴铁江、华铭轩等禀请藩司蒋批准设立，以收解捐税、维护丝商为职）。归安县双林镇有泾县新公馆，旧公馆在康熙年间由宁国府泾县绢商、米、胡、洪、郑、汪五姓及旌德刘姓公建，泾县会馆为"安徽泾县同乡人公建，嘉道间泾县人在镇开设皂坊，专制绫绢，运销江宁、徽宁等处，人数颇众，营业极盛，集资造会馆"，金陵会馆、米业公所、药业公所也纷纷设立。德清县有宁绍会馆（在小南门龟回坝西南，清嘉庆十四年即1809年由慈溪旅德荻铺主沈益寿筹资建造）、新安会馆（在邑之东门外蒋湾圩，清道光四年即1824年由金瑞集资创建，葬徽州之无归者，另有会馆在新市步云桥南）、四明公所（在新市镇，清时由旅镇旧宁属人捐资创建），金陵会馆（在新市镇，清时由旅镇江苏江宁人捐资创建），金华会馆（在邑之大南门外，1916年由旧金华同乡发起集资组成，一在新市镇）、丝业公所（初在新市碧玉桥西）、米业公所（在新市镇大王庙内）。长兴县四安镇有新安公所（在四安古西门，同治年间由徽州士商共建）、宁绍公馆（在四安古南门，光绪十七年即1891年由宁绍绅商共建）。嘉兴鸳鸯湖有新安会馆（在两湖相连处，由徽州人经商禾地者所建）、温台处会馆（在湖溪放生桥南堰，由邑人敖梦姜垫款兴建）、纸业公所（在东南湖滨）、木业公所（在湖滨南堰路上岸，内设木业小学）、梨园公所（原名老郎庙，在湖滨高家湾，每岁六月神诞时，水路戏班歇夏在禾者各尽义务表演）。秀水县濮院镇有宁绍会馆（在桐界洞桥坊，清嘉庆年间由周春田、胡巷州等创造）、绍兴会馆（道光二年即1822年由越人金孝昭、宋汉文创建，孝昭以踏绸为业，住西街会馆中，塑张老相公像，上悬手挽银河额，旁祀葛仙，1860年前有僧澄辉为住持，供奉香甚虔，后遭兵毁，复为周肇洪募建）、米业公所（在翔元观蒋相殿，清光绪十二年即1886年米业商人集资建造殿宇，以作米业同业集议之所，每年六月初九日及平时米价低昂涨落，皆于此集议）。在乍浦，"自海禁既弛之后，闽人之商于乍者，各建会馆祀天后，用酬航海安澜之庇，亦称天后宫，在南门外为三山会馆……康熙四十五年福州诸商江聚公、张明敬、郑锡侯等建……在南门外萧山街为莆阳会馆，乾隆十三年兴化诸商陈文芹、林大岳、吴云裕等建……总管弄为鄞江会馆，乾隆十四年汀州请商何元瑞等建"。在衢县、金华、松阳等地亦多有会馆设置，各地商人纷纷在江南这个经济舞台上登场，以会馆作为自己的根据地，发展自己的经济事业，推进了江南市镇的经济繁荣。

在河南，开封朱仙镇是清代国内的四大名镇之一，商业繁荣。这里的山西会馆，又名小关帝庙，位于镇西北岳庙西，于乾隆三十二年（1768）重修。该馆为在该镇从事商业经营的山西商人所建，规模宏伟，坐北向南，主要建筑有山门、钟鼓楼、大殿、春秋楼、戏楼、厢房及铁旗杆。山门阔三间，建于高台之上，前有铁旗杆两根，高 2.3 米，重 10 吨。

在明清时期的江西，樟树、河口、吴城和景德镇四港发展成全省的重要港埠，其交通的发达与经济的繁荣为会馆滋生提供良好土壤。到清乾隆年间，樟树镇便成为粤、桂、浙、湘、鄂、苏、皖七省与江西相互通商的货运集散中心，号称"八省通衢"。河口镇位于信江中游，水路与闽、浙、皖、赣四省相通，便利的水运交通促进了河口镇手工业和商业的发展。据万历《铅山县志》记载："河口之盛，由来久矣，货聚八闽、川、广，语杂两浙、淮扬，舟楫夜泊，绕岸灯辉，市井晨炊，沿江雾布。"镇内有 9 弄 13 街，人口达 10 万，镇南有山西、陕西、山东、安徽、浙江、福建各省会馆 16 处。在吴城，"五方杂处，千家烟火，一巨镇也。其去来帆樯，如梭走锦，眩人目睫，贾船官舰络绎不绝"，各地商帮贾客亦纷建会馆，如全楚会馆、山西会馆、广东会馆、浙宁会馆、湖南会馆、徽州会馆、潮州会馆、麻城会馆等。景德镇因瓷器制造业发达，吸引多方商人，有苏湖会馆、都昌会馆、徽州会馆、南昌会馆、饶州会馆、临江会馆等。

在湖南洪江，清代康熙到咸丰年间共建立了十所会馆，分别是：黄州会馆（即福王宫，建于康熙四年即 1665 年）；江西会馆（即万寿宫，建于康熙十五年即 1676 年）；徽州会馆（即新安宫，建于康熙二十年即 1681 年）；福建会馆（即天后宫，建于乾隆四年即 1739 年）；宝庆会馆（即太平宫，建于清雍正元年即 1723 年）；辰沅会馆（即伏波宫，建筑年代不详）；七属会馆（即关圣宫，建于清康熙十年即 1671 年）；贵州会馆（即忠烈宫，建于清嘉庆二十三年即 1818 年）；衡州会馆（即寿佛宫，建于清道光二十六年即 1846 年）；湘乡会馆（建于清咸丰十年即 1860 年）。这十所会馆当年在湘西以及周围六省边区都十分有名。尔后，洪江相继建有南昌会馆（洞庭宫）、靖州会馆（飞山宫）、陕西馆、长沙馆、四川馆等。

粤西五府——肇庆府、高州府、雷州府、廉州府和琼州府亦集中了一批会馆，如雷州府的赤坎、海安两个商业繁华区域就分布着一系列会馆，其中赤坎有会馆 5 所，分别是潮州会馆、高州会馆、闽浙会馆、雷阳会馆、广州会馆。潮州会馆，位于今赤坎福建街，乾隆年间由在赤坎从事贸易的潮籍商人建立。该会馆的"瓷雕、砖雕、木雕有的采自佛山石湾，有的专门从潮州雇请工匠来制作"。据乾隆四十八年（1783）的《题建正座碑记》统计，捐银的潮州籍商行、船户共 192 户。高州会馆，由高州六属化州、茂名、电白、信宜、吴川、石城的商贾行帮建于清咸丰三年（1853），位于赤坎高州街，于 1923 年重修，会馆馆额为"高州会馆"，门联为"旅馆盉簪同敬梓，海波澄镜到搏桑"，体现了以海洋贸易为主的特色。闽浙会馆，又称福建会馆，于清乾隆嘉庆年间由福建、浙江两省到赤坎经商的士绅、商贾、船户们所建。《韶安港客船户出海次开列碑记》记载了在赤坎经商的闽浙商人共 45 户以及船户出海人姓名。韶安港是闽浙商人到赤坎以后用福建地名命名的一个停船出海的小港，码头在闽浙会馆左侧。闽浙会馆还存有福建商人于嘉庆二十四年（1817）在赤坎购地并以福建地名命名的云霄港、漳浦港等碑刻。雷阳会馆，为嘉庆年间雷州三属遂溪、海康、徐闻贸易经商者在赤坎所建，位于赤坎关庙街6号。广州会馆，建于光绪年间，《乐商堂碑记》和《乐善堂石碑记》均列有"广州会馆"捐款人名单。据1942年的《大广州湾》记载："赤坎初为一僻静小镇，甚少船只驶至。清康熙末年，有福建商人方某载货到此贸易，颇与土人相得，寻且陆续招致起同乡到赤坎经营。"乾隆年间，闽浙商民纷纷到此定居经商，出现福建村、福建街等，接着，潮州、广州、高州、雷州地区商民云集，于是赤坎出现了"商船蚁集，懋迁者多"和"商旅攘熙，舟车辐辏"的景象。雷州府属徐闻、海康两地，扼琼州海峡之门户，隔海与琼州府的海口港相望。徐闻境内的会馆有广府会馆和潮州会馆等。广府会馆，又称广州会馆，建于乾隆五十二年（1787），位于今徐城镇民主路，馆前系山货贸易之地。会馆内置有砚石刻制的《广州会馆碑》和《徐闻县新建广州会馆题名碑》共三块。据碑文记载，广府会馆共有296个商号、商行和商店，370人捐款题名，款额高达3429两白银。潮州会馆，建于清代，共有三所。

琼州府隔海与雷州府相望，府治海口扼琼州海峡门户，是重要的贸易港口。早在明朝天启年间，广州府的南海、番禺、东莞、顺德、新会等五县商人已在海口建立"五邑会馆"，进入清代，从广州到琼州府经商的队伍不断扩大，"日以众，不止五县之人"。道光七年（1827），广州商人"爰经爰营，爰求爰度，易其名曰广州会馆。庶合郡之人于此，联萍水而订苔岭焉"。南海吴荣光为此作《重修琼郡海口广州会馆记》称："今乡人挟厚赀走千里，为近利市三倍而居处共嗜欲同者，初唯此五邑之人，继复得此合郡之人，则此役也，众擎而举，不胫而来……是以交益广而谊益笃也。"潮州商人于乾隆二十二年（1757）在海口建立了潮州会馆。据何炳棣研究：琼州府有 4 所会馆，分别为广州会馆、潮州会馆、高州会馆和福建会馆。1882 ~ 1891 年的《海关十年报告》中说：琼州有海南会馆、汕头会馆、广东会馆、高州会馆和福建会馆。广州商人还在琼州府的儋县建立了广府会馆。廉州即今北海，建有高州会馆和广州会馆。

在广西，除了桂东北的全县、兴安、灌阳等几个州县没有粤东会馆外，多数州县有一个甚至几个广东会馆。从时间上看，广西的会馆大约在康熙年间较盛。在桂东南地区，梧州为西江、浔江与桂江的汇合处，是连接广东与广西的门户。明代的《梧州府志》记载："客民闽楚江浙俱有，唯（广）东省接壤尤众，专事生息，什一而出，什九而归。中人之家，数十金之产，无不立折而尽……仰机利而食遍于郡邑，多高明人，盐商木客，列肆当墟，多新顺南海人。"在梧州府城，康熙年间广东商人建会馆于五坊路，会馆在咸丰年间毁于战火。1892 ~ 1901 年的《海关十年报告》记载，到了同治十二年（1873），当地的一些富商在广东全省到处募捐，很快筹集四万两银子，将会馆重修。梧州上游戎圩集中了大批的广东商人来此从事谷米贸易。明代这里即有关夫子祠，"康熙五十三年（1714），更祠为会馆"。顺德人温汝适撰《重建戎圩会馆记》说："西

省田畴广美，人民勤动性成，中岁谷入辄有余，转输络绎于
戎，为东省赖。故客于戎者，四方接轸而莫盛于广人；集于戎
者，百货连樯，而莫多于稻子。凡两粤相资，此为重地。"他
又说，建立会馆的目的是"变本加厉，踵事而增华"。除此之
外，在清前期，梧州府属之藤县、岑溪及容县等地亦建有广东
会馆，便于从事商贸活动。从在广西的商人会馆的发展历史来
看，广西全境的商业都得到了开发，广东商人确实做到了
"无远弗届"，众多的广东会馆成为广东商人开拓广西市场的
根据地。

综观工商城镇的会馆，我们认为，它们因远离政治中心，
故较前两类区域性的会馆更少政治色彩，因而也更代表了明清
时期社会经济的发展水平。在这众多工商城镇的会馆中，以徽
州、闽粤、山西、山东、江浙、陕西的商人为多，这与明清时
期大商帮的发展相对应。许檀先生研究大量碑记后得出结论：
商帮凝聚有利于聚集资本建成气势恢宏的建筑，后人也可从中
窥见各商帮实力悬殊却各自量力而行的实态。

4　商人会馆的内部运作

对于京师的商人会馆，发挥内部整合功能尤显重要，如正
乙祠通过"答神庥，笃乡谊，萃善举"等手段，以求"奉神
明，立商约，联乡谊，助游宴"，设立义园、义冢以救济贫
乏，安葬无资之死者。"每至春秋假日，祀神饮福，冠裳毕
集，献酬口错，相与为欢。其能敦桑梓之谊者，犹莫如建立义

园一事，盖当时世会隆盛，乡先生贾于都者，率有士大夫风，每于店业之盈余，腋集而公存之，创作义事于永定门外，立土地祠，旁有隙地为义冢，乡人殁而无归者，皆殡焉。其后愈恢愈广。凡二郎庙、回香亭、葛家庙皆是，前后相承已二百年。本年（指同治四年，即 1865 年）又在二郎庙西，置地三十亩，名为新口，五处义冢，以千万计。每岁又有祭孤、修茔诸善举，莫不井井有条。"会馆把神明崇拜放在首位，是因为任何人对神灵都有敬畏之心，建成安放神灵的祠庙，并建成举行宴会的场所，同乡们可以在节日期间集到一起，边聚餐边叙谈。在这样的场合，同乡们可以相互规劝、相互支持。再设置义冢，还可以给同乡死者一个安息之所，不至于暴尸荒野。例如，黄皮胡同仙城会馆设关帝神座，"里人升堂，奠位凝肃，瞻仰神明，若见若语，桑梓之谊，群聚而笃"。会馆神灵成为人们"联其情而洽其意"的联系纽带。在神灵崇拜的旗帜下，才有了会馆的合乐、义举、公约等整合途径。晋翼会馆设置了火德真君、关圣大帝、增福财神的神位，"每逢圣诞日期合行（布行）咸集拈香，商议公事"。河东会馆立三圣帝君之祠于其中，"每公会，在京同人远近咸集，拜祷之余，继以燕会。能敬且和，居然吾乡淳朴之风，敦睦之义也"。药行会馆"同行向在南药皇庙，同修祀礼，奉荐神明。命彼伶人，听笙歌之毕奏；昭我诚敬，戒礼度之无愆。既建地以酬神，亦行规而可议"。在中国民间，神灵被普通人信奉不疑，会馆打出神灵的旗帜，便适应了人们寻求庇护的心理。又如，浮山会馆"馆北位五圣像，神德灵应，佑我商人；南建演乐厅，依永和声，仰答神庥。我乡贸易诸公，每遇朔望，咸集于此，敬修祀神。
虽异乡宛若同乡，皆得以敦亲睦之谊，叙桑梓之乐焉。且我邑
士商，或观光于上国，或寄迹于市廛，举凡托业兹土者，靡不
被神之佑，获福而平安也"。对神灵庇佑的笃信为会馆实施内
部整合创造了便利的条件。参与市场行为的主体，以组织的形
式、集体的努力来协调本籍或同行间的市场行为，其积极意义
是显而易见的。会馆能号召众人在共同信仰的前提下，虔诚地
尊奉神灵，以获得神灵的保护，同时号召人们为神灵尽义务，
遵守在神灵见证下会馆制订的规约，心甘情愿地接受符合神灵
旨意的处分与惩罚，进而在神灵的护佑下获得权益，谋得生意
上的发展。

在各工商业都会，会馆建设亦首先是为了同籍人的内部整
合。如上海的《建汀会馆碑记》中记载："仕宦商贾之在他乡
者，易疏而难聚，易疏而难亲，于是立会馆以联络之，所以笃
乡谊也。"为了达到这个目的，建汀会馆制定了较为完备的规
章，大体包括如下几个方面。

一是领导的产生及职责。建汀会馆的董事由建州、上杭、
永定各推举一人，形成集体议事机制。上杭、永定各派出一名
司事轮流管理会馆的收支，一年一轮，上元节时完成交接，司
事对会馆财务、实物的保存负有责任，实物不得损坏，也不得
外借，一旦有损坏和遗失的现象，须照价赔偿。

二是经费来源及管理。会馆的经费主要由捐助获得，永定
龙冈会每年捐洋50元，上杭按既有长生会规章捐助，建州各
帮按抽厘规则，积余的钱款可放债生息、田产、房屋租用均须

立下字据。

三是祭扫与殿堂管理。本来在神灵圣诞日要演戏办仪式的，在经费不充裕的情况下可暂不举行。然而，供神场所要有专人洒扫，保持洁净，保持香烛燃明，不得留宿亲友，不得容留匪类及赌徒之类，有同乡逢节日来烧香，须提供香火钱和车马费。

四是对丙舍义冢的管理。会馆设置的义冢属于建州、汀州两郡，其他地方的人不得占用。严格执行登记制度，对亡人姓氏、籍贯、男女、年龄均应记录明确。因为丙舍属于暂厝之地，约定最长停棺时间为 3 年，且男女分开厝放，对于无亲友之人的棺木，确定身份可由司事掩埋，对于非因病死亡者，要有确切保人方准埋入，同时对不同方位的厝位扛棺、入厝分别定价。

《建汀会馆章程》具体而详密，涉及同籍人的祭祖、合乐、义举诸方面，因而能有效地凝聚同乡人，对商帮的形成与壮大必然有积极意义。会馆的灵活性还在于遇到"经费不敷"时，各项活动可以"暂行停止"，"俟稍充裕，再议举行"。天津的闽粤会馆也与此相类似。此会馆于每年正月初一举行团拜，聚餐演戏，并供奉本乡信奉之神祇，还为客死天津的本籍人购买义地。《津门杂记》中说："粤人供奉神位在桌台下，曰德福土地神，又于门旁作神巢，书贴某某神，早晚注香祀之。"闽粤商人于航海事业中笃信天后护佑，所以闽粤会馆建成后，于每年农历三月二十三日天后圣诞之时，将天后塑像接到馆内接受香火，宛若民间之女回娘家。闽粤会馆设在梁家园的义冢，称闽粤山庄，又俗称洋蛮坟地，每届中元，"醵资作会，高搭席棚，长有数百步，悬列灯彩无算，高低不一，照如朗日，又有巧匠扎成粤戏数出，人物如生，挂向坛前，延僧设醮，放焰火，抛施食物，锣鼓喧天，锭帛遍地，历年用款不止千金，鼓动游人不下万计"。全汉昇先生还分析了上海的绍兴会馆公议、汉口的江西会馆公议等，这些公议都表明会馆为实现内部整合做了大量的努力。上海的《楚北会馆征信录》中说："事以培元为始，是必先立谊园，继创公所，而兴会馆为次第焉"，"会馆之所以联桑梓，公所之所以集众议，谊园之所以妥寒节，皆便于乡人者也"。在联络乡谊的前提下，工商性的会馆便进一步把彼此的共同发展作为自己的目标。

规约对会员权利与义务的规定，使得众商整合在一个相对稳定的团体中，从而建立起有序的商业秩序。这里，同乡会馆亦具有同行的性质，类似的会馆在北京、汉口等地同样存在，这是因为新来的同乡人往往会在一定程度上依附于先来的，很自然地会倾向于经营同一种营生，而且传统行业内，同业会馆必然在其内部保持议价、交割等方面的优先权和统一规定，以便通过同乡同业垄断某一行业，获得商业经营的主动性与不败地位，这为会馆的存在和扩大提供了进一步的保障。

设在潮州的福建汀龙会馆的内部运作显示：其在"祀神、合乐、义举、公约"等方面都有章可循，井井有条。它虽不设立全馆公项，但在会馆的统一布置下，可以使各纲分担款项，另外又让各纲有自己组织祭神活动的机会。且看每年各纲庆祝前后分祭及敬神定期，就可见其中既有轮流坐庄，也有互相协作，从而保证了祭祀的不辍与规模。此会馆从正月初五日到十二月二十四日共举行 27 次祭神活动，其中包括饮宴、演戏等，同治《汀龙会馆志》对此有详细记载。

正月初五日　福纸纲祈神，午刻饮福，演戏壹台。

二月初一日　运河纲祈神，午刻饮福，演戏壹台。

三月十八日　上杭纲分祭，预祝圣母诞辰，午刻饮福，演戏壹台。

三月十九日　运河纲分祭，预祝圣母诞辰，午刻饮福，演戏壹台。

三月二十日　九州纲分祭，预祝圣母诞辰，午刻饮福，演戏壹台。

三月二十一日　本立纲分祭，预祝圣母诞辰，午刻饮福，演戏一台。

三月二十二日　龙岩纲分祭，预祝圣母诞辰，午刻饮福，演戏一台。

三月二十三日　汀龙众帮公祭，庆祝圣母千秋诞辰。预期各纲董理公择帖，请主祭与祭各执事前一夜习仪，众办主与祭执事二便席。是夜演戏，各纲分办酒席预祝，二十三日卯刻致祭，辰刻主与祭执事二面席，午刻饮福二席，由众办，其余各纲早晨观祭，午刻饮福，酒席俱各纲自行分办。是日演戏连宵，亦各纲自办夜席庆祝。

三月二十四日　篓纸纲分祭，庆祝圣母诞辰，午刻饮福，演戏壹台。

三月二十五日　福纸纲分祭，庆祝圣母诞辰，午刻饮福，演戏壹台。

三月二十六日 履泰纲分祭，庆祝圣母诞辰，午刻饮福，演戏壹台。

三月二十七日 武平纲分祭，庆祝圣母诞辰，午刻饮福，演戏壹台。

三月二十八日 莲峰纲分祭，庆祝圣母诞辰，午刻饮福，演戏壹台。

六月初三日 福纸纲预祝土地福德神诞，午刻饮福，演戏壹台。

每年秋九月 汀龙众帮公祭，庆祝圣母飞升，章程与春季同。

九月初六日 上杭纲分祭，预祝圣母飞升，午刻饮福，演戏壹台。

九月初七日 延河纲分祭，预祝圣母飞升，午刻饮福，演戏壹台。

九月初八日 九州纲分祭，预祝圣母飞升，午刻饮福。演戏壹台。

九月初九日 汀龙众纲公祭，庆祝圣母飞升，午刻饮福，演戏连宵。

九月初十 汀龙众纲预祝财神诞辰，午刻饮福，演戏壹台。

九月十一日 莲峰纲分祭，庆祝圣母飞升，午刻饮福，演戏壹台。

九月十八日 延河纲庆祝财神诞辰，午刻饮福，演戏壹台。

九月二十二日　福纸纲补祝圣母飞升，午刻饮福，演
戏连宵。

九月二十三日　本立纲补祝圣母飞升，午刻饮福，演
戏壹台。

十二月初一日　运河纲酬神，午刻饮福，演戏壹台。

十二月二十四日　福纸纲酬神，午刻饮福，演戏壹
台。

换袍季　每年演戏壹台，午刻饮福。

汀龙会馆的上述活动既于娱乐中寓教化，又促进内部整
合，祭祖活动成为聚会活动的主体。在各纲内，经费的收支与
管理都有具体规约可依，从而保证了活动规模的稳定与扩大。

5　中国商人"敦信尚义"整体形象的树立

中国商人阶层整体形象的树立是与会馆设立相伴随的，商
人会馆提供了商人相互凝聚、彼此规范的平台，通过会馆的整
合，中国商人逐渐显示了自己的存在。他们越来越注重传承文
化的精髓，敦信尚义，越来越意识到规范对行业和社会进步的
引领作用。

商品经济在初级阶段的发展并不完备，它仍然受到各种非
市场因素的掣肘，如主客之间的矛盾、交通掣肘下的地区差
价、商品买卖过程中的垄断，实质上存在着不正当的竞争。于

是，有的人为了追求厚利，不惜舍弃礼义道德；有的人为了自身的发展，不惜肆意践踏他人的利益，不良的社会风气日益弥漫。许多士大夫深感"人心不古，江河日下"，道德的保持与重振迫在眉睫。明清时期的会馆在推进市场经济规范化的过程中，特别注重道德建设与道德完善。例如，《正乙祠公议条规》说："吾行公所，敬神以聚桑梓，有联络异姓以为同气之义，故人有患难，理宜相恤，事逢横逆，更当相扶。"明清会馆由于多为有习儒经历的商人、官僚等组建，故特别注重对义与利关系的强调。李晋德说："钱财物业，来之有道，义所当得者，必安享永远。若剥削贫穷，蒙昧良善，智术巧取……亦守之不坚。"明代晋商王文显认为："夫商与士，异术而同心。故善商者，处财货之场，而修高明之行，是故虽利而不污……故利以义制，名以清修，各守其业，天之鉴也。"清代徽商舒遵刚说："生财有大道，以义为利，不以利为利。"他认为那些以狡诈生财的人只能是自塞其源，"以吝惜而不肯用财者，与夫奢侈而滥于财者，皆自竭其流也"。商人们时常会聚于会馆，彼此交流商业活动中的经历，倡导起一种以义为先、取利有道的风气。正是由于会馆积极致力于义利观的宣传，明清时期的市场经济在发展过程中才克服了许多消极的因素，使得中国近代商人"义利兼顾"的良好形象得以树立。

凝聚在会馆旗帜下的商人还注重职业道德的建设，守承诺，崇信誉，诚信不欺，公平交易。一些会馆规章强调："交易之时，即要讲明价钱银水，若含糊图成，齿下不清，至会账必然涸赖争竞。买卖允与不允，决于当时，既已成交，转身鬼相嗟怨，此皆非君子交谊也。"会馆还强调，不能弄虚作假、短斤少两，这样才能建立起与客户的相互信任。

良贾还把乐善好施作为自己的追求，会馆往往给商人们提供了一个行善的平台。会馆还力图促成平和的商业环境，提倡忠恕之道，不强买强卖，"凡处财治事，须宽弘大度……怀人以德"，提倡以和为贵，"和能处世"，提倡容忍、豁达待人，"能忍能容，其德乃大"。对于商业上发生的纠纷，会馆也竭力寻求化解之道。

商业性会馆还把规劝商人勤俭、敬业、乐群作为自己的宗旨，引导他们熟悉商品、市场，掌握货物盈缩吐纳的规律，学会审时度势，掌握天文、地理、水陆路程的知识，积累雇脚找牙等经验，慎择帮手伙计，善于识别度、量、衡和货币。

在会馆施行的道德建设和道德维护中，明清时期的商贾整体上能遵循职业道德、行为规范，因而推动了商品经济的良性发展，促进了商品流动的畅达。

会馆的道德建设还体现在济贫恤寡、设义冢、建殡舍、资助死者归葬故乡、赈济灾异、兴办学校、维持治安等方面，此外，还有为同乡同业中的贫困者提供生活费用、提供住宿、资助同乡路费、延医治病等。如四明公所长生会规定："夫妇或均年迈，不能力作，或壮年身生疯病等症，难以生活，报明会中，夫妇按月各结洋壹元伍角，以资赡养。或上有祖父母、父母，按口每月亦结洋壹元，伙下有儿女尚在幼小，亦按口每月结付洋壹元，过十六遂不结。"苏州七襄公所规定："同业中有老病废疾不能谋生者，有鳏寡孤独无所倚藉者，有异乡远客贫困不能归里者……于公费中量为资助。"1877～1878年的江苏海州、山东青州、直隶河间及山西、河南等地区的灾害出现时，上海丝业会馆与上海果育婴堂、广东东华善堂、浙江湖州仁济堂等，"各捐集巨款，综计不下五十余万两"。清政府为表彰上海丝业会馆这种"好义急公，有裨荒政"的善举，特御制"仁敷地纪"的匾额。

徽州商人一向注重设学校以推动道德建设，其设在汉口的新安会馆，干脆就叫紫阳书院，确实亦具有书院的规模和实质，但它又与一般的书院不同，它是面向寓居汉口的商人和商人之子弟。该书院崇祀同乡朱熹，目的在使"阛阓贸易之人，咸知尊道乐文"，"必也从事于伦常日用之间，不悖孝弟忠恕之道"。雍正十三年（1735），任湖北巡抚的吴应棻"甫下车，即渡江至书院，宣讲圣谕，凡孝弟农桑，讲信修睦，皆一一为父老子弟亲加劝勉"。至于徽商官宦，凡过汉口者，亦皆拜谒书院，行讲学之举。《汉口紫阳书院志略》中记载的大量题咏可资佐证。汉口紫阳书院建有御书楼、藏书阁，收藏有大量经、史、子、集，满足了贾而好儒的徽商的需要。徽人查景瑃在《汉口紫阳书院藏书阁序》中说："一登斯阁，见夫玉轴牙签、青箱缥帙，煌煌乎大观也。迨徘徊其中，抽甲乙之编，检丙丁之籍，循循乎俨然与圣贤相酬酢，即俨与夫子相晤对，谁谓积简成编不足以启人之奋发而可弁髦视之哉！夫吾乡不乏奇俊之士，尚冀于斯阁之是非得失之实、子集百家则寻求其辅经赞史之意，津津焉、娓娓焉，酝酿而粹精焉，则采其华而撷其实，于以深究夫格物致知、诚意正心、修身齐家、治国平天下之旨，达为名臣，处为鸿儒。则是书也，不第为束诸高阁之载籍；是阁也，不第为庋藏奇秘之渊薮，而直作良士之苣畲也矣。"徽商通常不仅在经商前有业儒经历，而且在经商期间亦可以继续接受儒家文化的熏陶。他们为自己有这样一所集传统书院、会馆功能于一体的馆舍而感到骄傲，时任湖北汉阳知府的赵玉说："盖尝论之，各省之会馆遍天下，此之书院即会馆也，而有异焉：崇祀者道学之宗主，而不惑于释道之无稽；参赞之源流，而不堕于利名之术数；入学有师、育婴有堂、燕射有圃、御藻有楼，藏书有阁，祭仪本《家礼》、御灾有水龙、通津有义渡，宾至如归，教其不知，恤其不足，皆他处会馆之所无，即有，亦不全者。"汉口紫阳书院成为推进道德建设和辅助同乡开拓事业的基地，实现了维护传统和开拓创新的双重目标。

汉口的山陕会馆里有一座汉关夫子春秋楼，其碑记这样写道："夫子庙面江背湖，创开巨丽，后起危楼，宏模壮观，与晴川黄鹤二楼鼎峙……吾愿登斯楼者，无徒咏汉阳芳草之句，与晴川黄鹤同作眺览嬉戏之想。盖所以作忠臣义士之准，而非以供骚人墨客之娱。此春秋楼之所以有也。"这里充分反映了山陕商人坚持优秀传统道德的情怀。会馆修建一个管理埋葬事宜的瘞旅之所，以解除同乡人客死他乡的后顾之忧，可以说是积德行善之事。

在中国传统社会，士绅文化与庶民文化交融的途径主要是通过各级官僚机构以及各级学校，包括庠、序、书院等。在明清时期，实现交融的途径显然较过去有所增加。自隋唐开始的科举制度到明清时成为上至勋戚显贵、下及村闾穷民的子弟共同研习儒家学说的指挥棒，士绅文化得以更广泛地传播；明清时期的小说等文学形式也发挥了使"怯者勇，淫者贞，薄者敦，顽钝者汗下。虽日诵《孝经》《论语》，其感人未必如是之捷且深"的作用，成为"六经国史之辅"。"话须通俗方传远，语必关风始动人"，明清小说使士绅文化通过娱乐形式浸润民间；明清时期"以神道设教"的政策亦通过许多具有传统美德的人物形象为庶民们树立起正面人物的范式，从而规范着人们的行为，影响着人们的道德观和是非观。笔者认为，明清时期会馆恰成为士绅文化与庶民文化交融的基地，无论是官绅会馆、工商会馆还是移民会馆，都体现出这一共同的走向。

首先，会馆越向后发展，越注重谋求封建政府的承认，有的申请备案，有的求其庇护。不少会馆有本籍士绅的捐助。例如，嘉庆元年（1796）苏州的《重修江西会馆乐输芳名碑》中记载了江宁布政使陈、云南布政使司前任江苏按察使司熊、山西布政使司前任江南河库道谢、两淮都转盐运使司曾、江苏常镇通道查、江苏安徽宁池太庐凤淮扬十府粮道赵、原任松太兵备道张、户部员外郎李、江苏太仓州知州魏、原任长洲县杨、元和县分县黄、江苏督粮道库户、丹徒县丹徒巡厅杨、南汇县三林巡厅陈、江苏候补州李、昆山县正堂魏等人。再如，道光十年（1830）《重修三山会馆襄助姓名碑》中列举了江苏布政使司梁章钜、江苏海门州分府陈经、常州阳湖县正堂廖鸿苞、徐州沛县正堂李鸿钧、兵部主事陈等人。这些都表明了士绅文化对会馆发展的影响。

其次，会馆的神灵崇拜也从初期的单纯乡土神灵的崇拜日渐过渡到崇祀乡贤名士的阶段，祀神从单纯地寻找纽带发展到进一步谋求教化。士绅们积极投身于会馆建设，同时，封建政府亦多给各地乡贤名士以封赠或崇其祀典。从这个意义上说，明清会馆神灵画廊内容的不断丰富实质上是封建统治对处于流动状态中的人们的管理的加强，便于他们接受士绅文化的教化。历代封建王朝都对神灵予以敕封，不断地把造神运动推向极致。譬如林默娘从一介民女演变成为海上保护神→医药保护神直至全智全能的通神，这恰好适应了普通百姓崇祀神灵的精神需求，于是会馆便神上加神，既有自己乡土的神灵，又有了其他各类神灵的渗入。无论如何，通过这众多神灵的设置，士绅文化中的忠、孝、节、义便悄然融入庶民文化之中。

再者，会馆一般把戏台设于显著位置，各地戏曲娱乐活动得以在节日的戏台上一展其姿。这既推进了戏曲说唱艺术的发展，同时戏曲也成为士绅文化与庶民文化相互交融的载体。

王云先生对山东聊城山陕会馆戏台演出的剧目进行了分析，发现山陕商人既看秦腔，也看徽戏、河北戏等。属于秦腔的《宋江杀楼》《八义图》《蝴蝶杯》《黄河阵》《法门寺》等既显示了乡土艺术的魅力，也提高了山陕商人的文化品位，凝聚起同乡的感情，沟通了士绅与民众的情感。徽班同庆班在同治三年（1864）正月初一就在山陕会馆演出过《大赐福》《龙虎斗》和《赶三关》等。咸丰二年（1852）八月十四日有河北梆子戏班演出《明月珠》《云罗山》《武当山》

《春秋笔》《审律》等，还有一些本地戏班也乐于为山陕会馆演出，如咸丰年间的"本城小三班""本城盛凤班"和光绪年间的"荏平万庆班"都曾在山陕会馆戏楼演过戏。这样的演出活动，客观上加强了各地区间的戏剧文化交流，亦丰富了人民的精神生活。

五 宫庙纷列：移民 新地的地域性标识

安土重迁曾长期被人们视为生活安定的标志，但战争、灾荒、出仕、政策出台都可能成为强制性的迁徙因素，且具有明显的突发性。因此，移民或意味着政治统治的动荡，或意味着新统治者的励精图治。而时至明清，人口流动较过去却显示出独有的时代特征。

1 人口流动与会馆的建设

首先，从王朝统治者来看，他们深感所面临的诸多问题已无法解决。譬如，"地多新辟，赋税未清，沉案叠积，番土伊迩，彝务孔殷"，有的说"彼时州县唯恐招之不来，不行清查，遂因循至今，致日与土著人民互相争讼，又或当时朋名伙垦，原未各分界址，今欲各自立户而互相争讼，甚至始而为人佃种，久之窥间主人荒余田地，私行报垦，交相控告"。担任四川布政使的管承泽一到任，就被这土客矛盾、客客矛盾交织的案件所困扰，显然他在埋怨当初推行移民政策时没有加强管理。也有人说，清朝廷想改变"欺隐侵夺纷争讦告，遂无已时"的局面，实际上也难以做到。"全川田地唯近省数县为平畴沃壤，其余俱属高山峻岭、密菁深沟之所，皆界在山谷绵亘盘屈，犬牙相错，高低异势，上下殊形，荒熟相间。今欲仿江浙鱼鳞图册，法分别本，名田地照依坡坪冈坝洞溪荡等处，按其勾股、圭梭、梯斜、午角等形绘图造册编号，非逐一履亩清丈不可，而道路险仄，一州县之地，非经年累月不得清晰，地方有司各有政务，难以兼办，而员役所至，不无纷扰。在流寓承垦之人，离乡背井而来，尽力耕种原亩，其中各有盈余。今本以为民杜争端，而愚氓无知，误认专为加赋，不为惊骇逃避之意。虽明白晓谕，终于执迷。前抚臣王景灏曾通行查议，而百姓彼此讹传，惊惶殊甚，因遂停止故折。"显然，清朝政府曾力图加强对移民新开发地区的治理，但由于积弊甚多，而且政府又缺乏有效管理的措施，只得以无为的办法任由这种形势继续发展。

其次，从移居者而言，长期生活于家族文化氛围中的人们多习惯于依照族长的指示行事。他们生活在与其父辈几乎相同的社会环境中，许多行为规则也都在耳濡目染中自然习得，周围的一切总是那么熟悉，以致多数人并没有把如何适应环境当作问题来思考过。于是，当他们为谋求经济利益远徙他乡时，他们更像稚弱的婴儿离开了母亲的怀抱，外界的一切是那样陌生和无法理解。俗语云："出门一里，不如门里"，"在家千日好，出门时时难"，"家贫不是贫，路贫贫煞人"。这些都表达了人在旅途的辛酸。这时，他们首先想到的可以攀附的力量就是同一乡贯的人，即"籍同里井者，其情较洽，籍同里井，而于他乡遇之则尤洽"。乡土的自然环境是没有清晰边缘的，然而，政治地域区划却可导致人们乡土观念的明晰化。因而，在移民集中的地方，移民们首先就会在乡土观念的旗帜下形成一种各自为政的自我保护机制，这种机制首先不是出于政治利益、经济利益的考虑，最初它简直可以说是生存机制的自我本能。

2 移民新地会馆的社会整合

在四川，各省移民初入四川时，多"自为婚姻，不杂他族"。新繁县客民虽"比邻而居，望衡对宇，而其参差之数，善者不相师，恶者不相贬，楚则楚，秦则秦，吴则吴，粤则粤，强而习之不能也"。广元县"乡市习俗，异区而殊，究其要因，端在祖籍"。广安州客民"冠昏丧祭，衣服饮食，语言日用，皆循原籍之旧"。竹山县"邑鲜土著，附籍者秦人而外，武昌、黄州、江西人为多……亲戚族党，因缘接踵，聚族于斯，语言称谓，各操土音，气习相尚，亦各以其俗为俗，不尽从同"。

移民与外界的隔膜使乡土之情显得特别重要，人们便由对家族的依附转向了对乡亲的依附。乡音、乡俗、乡土神灵甚至乡土建筑都可成为乡人集合的纽带，从而显示出较强烈的地域内倾性，人们几乎无法通过政府来安排自己的命运，于是他们便自发地"互以乡谊联名建庙，祀其故地名神，以资会合者，称为会馆"。《宣汉县志》说会馆"其始皆由同乡共里之人，或游宦于其地，或商贩于其区，醵金以为公廨，因得与岁时会议有故，商筹以联桑梓之情，而使寄寓异地者均不致有孤零之叹"。因此，会馆的出现有内驱力，即移民们虽然摆脱了传统的"安土重迁"观念的束缚，但面对举目无亲的陌生环境，怀念故土之情便作为人的一种文化本能或强或弱地表现出来。他们极容易在乡土的旗帜下结成一种自发而松散的联合，因为他们语言相通、习俗相同，思维方式也颇具一致性，这一个一个的联合便构成了一个个亚文化群体，形成一个个会馆组织。同时，建立会馆也是移民们力图保持与乡井文化联系的一种努力，因为事实上移居外地的人们大多不愿与故土割断联系，他们时时想与同乡操起家乡话聊天，这在当时称为"打乡谈"，时时想从同乡人那里了解故土的人情世事，时时要魂牵故土，或盼着早日衣锦荣归，或祈求富贵后泽惠故里。于是，会馆经常在联乡梓、固乡谊、祀神明、敬祖先、资贫困、助病弱、葬逝者、祭亡灵、相互保护、协同竞争等方面发挥作用。会馆在这个意义上实际上成为客居在外者辛勤经营的类于故土乡井的据点，集于会馆的同乡人易于产生如归之感。有的会馆甚至不惜重金，按家乡的建筑风格，用家乡的建筑材料，在异乡构建一个本乡人的所在，当寓居外地的乡人一见到会馆，便似乎回到了故乡。

四川的外省会馆有以下基本特征。

其一，会馆一般由移民创建，且都以寺观宫庙的形式表现出来，它体现了移民移入新居地之后最初的地域内倾特征。例如，江西会馆经常有万寿宫、昭武宫、轩辕宫、萧公宴公庙、洪都祠、文公祠、仁寿宫等名称，福建会馆经常有天后宫、天上富、天妃宫、庆圣宫、福圣宫等名称，贵州会馆经常有南将军庙、黔阳宫、惠民宫、黔南宫、黔西宫、荣禄会等名称，广东会馆称龙母宫、南华宫、六祖会，陕西会馆称三圣宫、三元宫、三义宫，湖广会馆有禹王宫、王府宫、关圣宫、全义宫、楚蜀宫、湖广宫、寿佛宫、太和宫、长沙庙、真武宫、濂溪祠、岳常清会馆、衡永宝会馆、玉皇宫、威远宫、宝善宫等不同名称，山西会馆有朝天宫、武圣宫、古南宫、玉清宫、文武宫、三官祠、三义庙、崇圣宫等不同名称，河北会馆称忠义宫，浙江会馆称列圣宫等。寺观宫庙大多结构简陋，以供奉乡土神灵为主要职能。

其二，在一县的多所外省会馆经常呈现先后为继的特征。例如，江安县的禹王宫、万寿宫、武圣宫、天后宫、南华宫分别于乾隆十四年（1749）、乾隆十九年（1754）、乾隆二十二年（1757）和嘉庆初年、嘉庆六年（1801）兴建，反映了会馆设置的共趋效应。有的会馆建成后又屡经重修，规模逐渐扩大，这体现了移民们经济发展的成就，亦包含了各会馆在树立自我形象、显示自身实力和确立在当地社会的地位等方面所做的积极努力。

其三，会馆修建者的职业并不单一，有的为士民共建，有的为商人协办，也有的为农民集体创办，因此，我们不同意把移民区域的会馆仅看成是农民会馆。由四川的史例看，商业资本在其中发挥了重要作用。

其四，会馆所涵盖的地域的大小与各省移川人数的多少有关。江西、湖广移往四川者比较多，便以州、县为单位设置会馆，而多数以省为单位。有的会馆的分裂是人口增加的结果，有的则是由会馆内部区域之间的矛盾所致。这表明，移民们既追求心理有所依归，同时又追求自我的发展。但无论如何，会馆仍然是移民区域政府统治鞭长莫及的背景下移民们自发设置的自我管理组织。

何炳棣先生统计了湖北 21 个州县的会馆设置情况，这些会馆都鲜明地体现了移民在湖北的积极活动。在这里，会馆设置的区域范围有大有小，或以省为单位，或以州为单位，设置本乡的乡土神，有的仅设一神，有的又兼祀他神，如蒲圻的天妃庙又兼祀临水夫人。郧西的山陕会馆本来于康熙四十八年（1709）由知县秦国龙兴建，后转而成为客民会馆，这表明会馆的创建者同样来自不同职业。湖北属已开发地区，商人会馆占有很大比重，它们对湖北与外界经济联系的加强发挥了积极作用。

由于长江流域与东南沿海的省际人口流动，川、鄂、湘成为移民的主要集中地区，因而，由移民设置的会馆就相对集中。它们所显示的共同点在四川区域都能得到集中体现。作为商帮势力繁盛的标志，四川各地的会馆相当发达。"秦人会馆铁桅杆，福建山西少者般。更有堂哉难及处，千余台戏一年看"，"会馆虽多数陕西，秦腔梆子响高低。观场人多坐板凳，炮响酬神散一齐"。这两首竹枝词是说，成都当地有陕西、福建和山西的会馆，其中以陕西的会馆为数最多，势力也最为显赫，每年人们都能看到在会馆里上演的许多地方戏，其中的秦腔梆子响彻成都平原。这些生动描摹了成都一地各地会馆运作的具体细节，而在鳞次栉比的各地会馆中，陕西会馆更显得鹤立鸡群。

当然，由于明清时期的移民具有多向性，移民性会馆更遍及全国乃至海外，如江西人在福建、福建人在东北、闽粤人在台湾、四川人在云贵均设有自己的会馆。海外的华人移民亦在东南亚的新加坡、马来亚、印度尼西亚、越南、泰国、缅甸等国建立会馆，从而使明清时期的移民性会馆成为会馆洪流中力量较大的一支。

譬如在台湾的移民性会馆有潮汕会馆、银同会馆、汀州会馆、三中会馆、两广会馆、浙江会馆等。潮汕会馆，是"雍正七年知县杨允玺、游击林梦熊率粤东诸商民建"。会馆正殿供奉三山国王。三山国王在潮汕客属民间一向被视为福神，清代移台之潮汕商民，多佩其炉香来台，潮汕会馆就因主祀三山国王而另称为"三山国王庙"。会馆左殿供奉妈祖及历任两广总督与历任广东巡抚之牌位。右殿为韩文公祠，建于乾隆三十七年（1772），内供有恩于潮汕的韩文公。银同会馆创建于道光二年（1822），祀妈祖、吴真人、陈圣王、五文昌、朱夫子、蓝先贤等神。在彰化有汀州会馆，于乾隆二十六年（1761）由汀籍总兵张世英及汀籍人士捐建而成，主祀守护神定光古佛。在鹿港有两广会馆，于光绪元年（1875）由籍隶广东省揭阳县人的台湾总兵官吴光亮所倡建，并得来台两广商民所捐助而成。三山会馆为清代福州人来台南所捐建，浙江会馆为浙江宁波船工来台者所建。在淡水，有汀州会馆，为道光三年（1823）汀州人张鸣岗等捐建。光绪十九年（1893）《鄞山寺碑记》说："昔汀人在沪尾街后庄仔内，于道光三年建造庙宇，名为鄞山寺，供奉定光古佛，为汀州会馆。"

在移民性会馆内部，一般设置客长、炉主之类的领导，前一种称呼多流行于在四川的会馆，后一种称呼则在海外华人会馆中流行。他们必须是"公正素著"、德高望重的本籍人士，由他们管理的会馆必须在宗教与社会职能、福利职能、仲裁职能上做得恰到好处。同时，他们还必须在会馆建筑的保护、维修和扩充方面多有作为。

在移民区域，起初会馆大多简陋，日后渐有增宏的趋势，规模不断扩大、装潢更加富丽，成为移民区域会馆发展的一般趋势，它体现了人们在谋求发展中的竞争与成就。西秦会馆是陕西盐商在聚敛致富之后，于乾隆元年（1736）合资共建。据《西秦会馆碑记》记载，"爰卜井街东北，新构圣祠"，历时16年才竣工。西秦会馆主供关羽神位，又称关帝庙，道光七年（1827）至道光九年（1829），扩建复修，总面积达3200平方米，先后耗银五万两之多。西秦会馆按照我国古代传统建筑风格建造，背倚龙凤山，在长80米的轴线上，依次建造了武圣宫大门、献技楼、大观楼及福海诸楼，大丈夫抱厅、参天奎阁、中殿和正殿；轴线两侧，依次对称建造了金镛与贲鼓二阁和左、右客廨以及神庖、内轩等建筑，这些建筑通过山墙和廊楼的环绕与衔接,有机地组合成多层次的合署式建筑群体。从武圣宫大门进入西秦会馆,是一个宽敞的大坝,由石板铺成,名为天街,面积约800平方米,以天街为中心,献技楼、大观楼、福海楼诸楼相望,结构完整。

在成都,禹王宫、南华宫保存完好。在金堂县土桥镇,康熙、乾隆年间即有湖广会馆(禹王宫)、南华宫(广东)、江西会馆、黄州会馆、贵州会馆等。禹王宫坐落在镇东,始建于清乾隆三十二年(1767),为清初入川定居于土桥的湖北、湖南移民集资建造,是一所占地4万多平方米的四合院,牌楼式正门高达10米,开有三个门洞,正门内有可作戏台的万年台,为九脊硬山屋顶。进院可见雄伟的大殿,为悬山式,前有卷席棚拜台,两侧配以廊庑,对应于左右的钟鼓楼为六角重檐盔顶式。庭院内有高大挺拔的古柏、黄檞树,整个建筑气势恢宏。南华宫为广东移民建造于乾隆二十八年(1763),光绪六年(1880)续建,是神庙与会馆相结合的建筑,占地4万多平方米,为走马转交式的全封闭四合院,以楼阁凉亭、鱼池、假山、回廊小苑为特色,华美绝伦。广汉广东会馆(南华宫)坐落于广汉城内古北街,坐西向东。整个建筑沿中轴线展开,由乐楼、广庭、正街、正殿、玉皇楼和四合院、花园等组成。龙门面临古北街,龙门内为大门,门内为高7尺的乐楼,乐楼旁有耳楼。正殿与正厅之间有左、右钟鼓楼,天井中配以水池、雕石栏杆,正殿屋内有各种装饰,殿后为玉皇楼。正殿两侧的花园、四合院,为同乡人居住休息之所。洛带镇有广东会馆和湖广会馆。广东会馆即南华宫,位于成都市龙泉驿区洛带镇上街，此馆坐北向南，始建于清乾隆十一年（1746），为广东移民集资建造。据《成都市建筑志》记载："前殿为卷棚式，绿色琉璃筒瓦盖顶，面阔5间，进深一架，通高7米，素面台基高0.42米。在后门通道及殿两侧，筑有三道曲线花草图案风火墙。大殿之上，刻有楹联'云水苍茫，异地久栖巴子国；乡关迢递，归舟欲上粤王台。'"此楹联表达了移民们对乡土的挂念。湖广会馆即禹王宫，始建于乾隆十一年（1746），其大殿楹联为"传子即传贤，天下为公同尧舜；治国先治水，山川永奠重湖湘"，气势亦不凡。

洛带川北会馆

由于会馆汇聚众力，往往可以把当时人们心目中一般的建筑理想形态化为现实，因而会馆多在客地形成鹤立鸡群的态势。不同地域的会馆以各自不同的建筑风格、建筑材料、建筑设置而争奇斗艳，成为移民区域的一大文化景观。

近代以来，会馆的建筑布局也有所变化，如上海的四明公所"摒弃了传统的老式会馆建筑，而选择了高大的西式建筑；改变了四明公所的传统规程，大力采用民主化主张，公开会议议程，不断修订章程以臻完善；成员亦不再局限于工商，而扩及其他各界，使同乡会的组织更加规范，更富现代意味"。

六　海外乡井：世界各地
华人的凝聚中心

　　闽粤等省的人们移居海外、漂泊于异国他乡时，多带着对乡土的浓浓眷恋，因此可以寄托乡思的海外华人会馆便陆续建立。随着欧洲人东来，血腥的殖民政策在东南亚各国推行，华人与侨寓国土著存在着矛盾；中国政府又推行禁海政策，视移居海外者为自弃王化的"弃儿"。然而，乡土的纽带是无法割断的。海外华人会馆几乎就是中华本土会馆的海外移植，在缘起与功能方面既与中华本土会馆多有重合，又各有侧重。华人会馆成为海外华人与外界交流的基地，既保持了中华文化的基本内核，又不断地吸收西方文化的一些因素，从而建立起既保持中华文化传统又能适应现代需要的华侨文化。

1　会馆向东南亚的拓展

　　明清时期，或出于政治原因，或出于经济原因，中国南方的江浙、闽粤诸省之人就络绎不绝地移民到日本、东南亚等地。伴随着不断的移民及移民在海外开拓发展，华人会馆亦纷纷建立起来。

嘉靖三十九年（1560），明政府重开宁波、泉州和广州三港，中日间的贸易便往来不断，有些中国商人逐渐在日本定居下来。万历三十年（1602），福建漳州商人欧阳华宇和张吉泉将稻佐净土宗悟真寺改为菩提寺，作为羁留当地的华人的拜佛之所，并兼具聚会联络的功能。由于乡帮的牵引，在当地居住的华人逐渐增多，诚如朱国桢《涌幢小品》中所说："自（万历）三十六年（1608）在长崎岛之明商不止二十人，今不及十年，且二三千人矣。"

明清时期大批华人外迁至日本。在 1623 年就有江西富商欧阳云台在日本捐地兴建兴福寺，作为三江（江西、浙江、江苏三省）同乡祭祀与宴集的场所；接着当时在日本人数最多的福建商人也分别于 1628 年与 1629 年建立了泉漳帮的福济寺（俗称泉州寺）和福州帮的崇福寺（俗称福州寺）；而人数较少的广东商人则一直到 1678 年才以铁心和尚开基的圣福寺（俗称广州寺）为本帮聚会与进行宗教活动的地方。上述四帮寺庙被称作"四福寺"。

"四福寺"内各有设置：兴福寺设妈祖堂，内祀天后圣母（两旁有千里眼和顺风耳）、关圣帝君（旁立关平和周仓）以及大道公（又称三官大帝）；福济寺则有青莲堂，内祀天后圣母、关帝和观音菩萨；崇福寺更有妈祖堂和关帝堂（即护法堂），前者内祀天后圣母和大道公，后者祀关帝和韦驮、观世音；圣福寺有观音堂，同祀关帝、天后圣母和观音等。在佛庙中奉祀天后适应了当时日本崇佛教抑别教的国策，却又保持了乡土神的至尊地位，可以看作是会馆的早期形态。人们每年都举行庆贺天后圣母和关帝诞辰的活动，以增进同乡间的友谊。遇灾时，会馆则对同乡实行收管、提供食宿，又为死者提供墓地或负责送回故里归葬，还对纷争进行调解、仲裁。后来三江帮在兴福寺创建了"和衷堂三江公所"，福州帮成立"三山公所"，也与崇福寺的运营相关，泉漳帮在原来"八闽会馆"的基础上改建为"星聚堂福建会馆"；广东帮于同治十三年（1874）创立荣远堂岭南会所，于光绪十年（1884）年改称广东会所。

　　从清光绪二十三年（1897）的《重建长崎八闽会馆碑记》中，可知八闽会馆是日本华人会馆中最早建立的。碑文中说："八闽会馆始建迄今殆百年之久。为我帮商族议公之区，良辰宴会之所，由来久矣。"随后，三江会馆于 1868 年在长崎建立，另外还有岭南公所、三山公所相继设置。在大阪、横滨、函馆都设有三江公所，在神户有广业公所、八闽公所，在横滨、神阪、函馆有中华会馆，这些都适应了华人商人要求团结的心理。在 1868 年的神奈川（即横滨），已有了华人的会所；1887 年，三江帮成立"三江公所"，曾一度吸收福建侨胞加入；1918 年，福建籍华侨成立了"新兴福建联合会"；广东帮于 1898 年建立"亲仁会"，它网罗了广东帮的各界领袖人物，其下又按县籍不同而设有"三邑公所"（南海、番禺、顺德）、"四邑公所"（开平、恩平、新会、台山）和"要明公所"

（高要、高明）。神户的福建商人先是成立了"建帮公所"，后又于 1870 年成立"八闽公所"，不久改称"福建商业会议所"；广东侨胞于 1877 年成立"广业公所"，后曾被称为"神户广业堂"，又称"广东公所"，后扩建为会馆；三江帮的"三江公所"亦扩大为"三江会议公所"。在大阪，1882 年三江帮的华侨创立了"三江公所"，1916 年扩大为"大阪中华北帮公所"；广东籍侨胞在 1896 年成立了"大阪广帮公所"，因有几家神户的粤商加入，故亦称"神阪广东公所"；福建帮于 1906 年成立"福邑公所"，但不久解散。

在越南，康熙三十四年（1695）广州长寿寺住持僧大汕在出使越南时便见到不少地方有华人，他们沿用"明人""大明"等称呼，可见这些华人是明朝移入越南的。大汕在越南顺化、会安见到许多闽粤商人。在会安，有大批华人聚居、长达三四里的"大唐街"，街道两旁鳞次栉比地排列着闽人的店铺。他们甚至穿着明朝的服饰，有不少闽商在当地娶妻生子，从事贸易活动。在大唐街尽头还有日本桥，这里是一个国际型交易中心，即"兹大越国会安府者，百粤千川，舟楫往来之古驿，五湖八闽，货商络绎之通衢"。人们在（会安弥陀）寺之右的关夫子庙捐设了闽会馆，"募义冢地，收掩孤骨"。位于暹罗湾的河仙镇，是 17 ~ 18 世纪发展起来的著名港口，以郑玖为首的中国侨民做了开拓性的贡献，"以大埔（河仙镇）皆郑玖公旧时经营，胡同贯穿，店舍络绎，华民、唐人、高棉、阇闼，类聚以居，洋舶江船，往来如织，海陬之一都会也"。在柴棍巨镇"南十二里，当官路之左右，是为大街，直贯三街……各相贯穿如田字样，联檐斗角，华唐杂处，长三里许，货卖锦缎、瓷器、纸料、珠装、书坊、药肆、茶铺、面店，南北江洋无物不有。大街北头本铺关帝庙，福州、广东、潮州三会馆分峙左右。大街中之西天后庙，稍西温陵会馆，大街南头之西漳州会馆，后为霞漳会馆。凡佳晨良夜，三元朔望，悬灯设案，斗巧争奇，如火树星桥，锦城瑶会，鼓吹喧哄，男女簇拥，是都会热闹一大铺市"，会馆成为不同乡籍人的社区活动中心。不同地域的人们分类聚居，终于形成了相对集中的华人聚居地及他们的会馆。

越南会安会馆

1815 年，闽籍华商在越南河内兴建福建会馆。在 1817 年镌刻的《福建会馆捐题录》与《福建会馆兴创录》两碑的碑文中，有 32 位捐款人的姓名，董事王新合（晋江人）捐银

1100 两，名列榜首。捐款人中有同安县 7 人、龙溪县 5 人、晋江与诏安各 4 人、海澄 3 人、安溪 2 人、长泰与南安各 1 人、失载 2 人，共捐银 3604 两。边河的关帝庙、福建会馆、广东会馆合称三大祠。在西贡，福建中华理事会馆（即西贡福建公所）成立于清光绪年间，凡闽籍华侨均为该会馆成员，下设有福建义祠、福建学校、福善书院等。西贡还设有三山会馆（福州府人建，祀奉天后妈祖）、二府会馆（由漳、泉二府华侨所建，祀奉土地神）、温陵会馆（由泉州府人所建，祀观音）、霞漳会馆（由漳州府人所建，祀天后）。

缅甸多福建侨商，建有温陵会馆（于 1912 年建）、仰光三山会馆（1912 年建）、安溪会馆（于 1920 年建）、安溪会馆（于 1920 年建）、永定会馆（于 1921 年建）、瓦城三山会馆（于 1922 年建）、旅缅惠安会馆（于 1923 年建）和旅缅同安会馆（于 1927 年建）。

泰国的华人会馆设立得相对较晚，有中华会馆、潮州会馆、广肇会馆、海南会馆、福建会馆、江浙会馆、台湾会馆、云南会馆、广西会馆、揭阳会馆、大埔会馆、丰顺会馆、兴宁会馆等。其中建立最早的在 1907 年，最晚的在 1968 年，其宗旨大体都是"敦睦乡谊，促进团结，推动福利"，从中可以看出其对明清时期国内会馆的继承与发展。

新加坡是明清时期华人移入的重要国家。据吴华辑《新加坡华族会馆志》统计，从 1822 年广东曹亚志创立宁阳会馆起，到 1965 年，总共有 50 所以上以会馆命名的组织。其中，有应和会馆（于 1823 年建）、南顺会馆、中山会馆（于 1838

年建）、冈州会馆（于 1843 年建）、琼州会馆（于 1857 年
建）、茶阳会馆（于 1857 年建）、福建会馆（于 1860 年建）、
永春会馆（于 1867 年建）、丰顺会馆（于 1873 年建）、惠少
会馆、金门会馆（于 1876 年建）、东安会馆（于 1876 年建）、
番禺会馆（于 1879 年建）、肇庆会馆（于 1879 年建）、三和
会馆（于 1883 年建）、三水会馆（于 1887 年建）、雷州会馆、
三江会馆（于 1908 年建）、福州会馆（于 1909 年建）、福清
会馆（于 1910 年建）等。清灭亡后新加坡华人会馆仍继续发
展。

　　新加坡福建会馆的前身是 1828 年由漳浦县人薛佛记和陈
送率福建帮众乡亲建立的漳泉人公墓恒山亭，负责解决当时在
新加坡的福建人的丧葬问题。1830 年，设恒山亭于石叻律，
创建了大伯公庙，并设有董事、总理与值年炉主头家，每年相
互选举或轮流充任。1839 年，体现福建人乡土信仰的天福宫
在直落亚逸街落成，内祀妈祖，不久恒山亭迁至天福宫，福建
会馆日益成型。海澄人陈金钟从 1840 年开始成为天福宫的首
任炉主，具有一定的号召力。1846 年海峡殖民地（英国人建
于 1826 年，包括新加坡、马六甲和槟榔屿）政府封他为太平
局绅，反映了其作为联系中介的作用。恒山亭在发展过程中一
度把服务和联络的对象扩大到当地所有的华人，但由于会馆理
事会的成员主要是福建人，因而福建省的地域性便越来越明显
地表现出来。

　　闽粤人移民东南亚具有悠久的历史传统。早在明洪武二十
六年（1393），香山县的海商吴添进就已移居东南亚。香山人

依公司（非营业性質）條例註冊　一九三七年

新嘉坡福建會舘章程

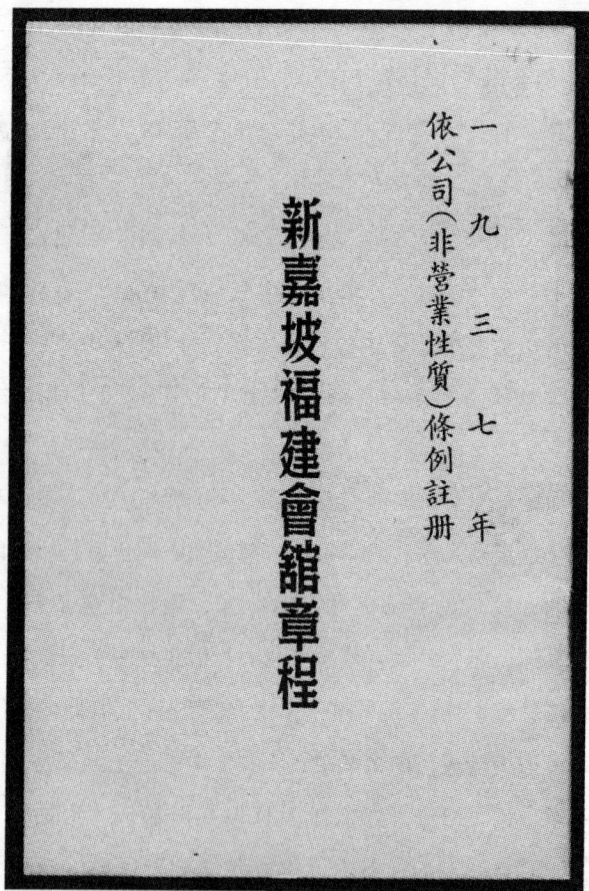

《新加坡福建会馆章程》

很早就移民海外，到槟榔屿、新加坡、檀香山、三藩市、加拿大、墨西哥、秘鲁、日本、新西兰及澳洲等国家和地区发展。根据马来西亚中山会馆的记载，早在 1800 年，即有程世帝、鲍志、鲍华、郑某等十多个香山县侨民，从澳门乘坐两艘帆船，经过月余的航行抵达槟榔屿。其后香山移民陈某于 1802

年 11 月 2 日在槟城大伯公街建立"香邑公司"，这是香山侨民在东南亚地区最早创建的同乡会馆。他们挂上"香邑馆"的匾额，崇奉财帛星君神像，每年七月廿二日神诞，香山商民都会到会馆开怀畅饮，联络感情。1801～1802 年的《义冢墓道志碑》中表达了建馆者与会聚于馆的同乡的心声："我粤东东南距海，民之航海以为营生，层帆巨舰以捆载而归者，大率于洋货者居多，然利之所在，众则共趋，一遇死亡，若不相识，尚何赖乎乡亲乎？"最初"香邑公司"是作为乡人义冢及解决其他侨民急需的地缘性组织。乡人程世帝乐善好施，死后神龛被供奉在会馆之内，1890 年 8 月 20 日，香山侨民正式申请向当地注册，成立"香山会馆"。

新加坡的香山会馆始创于 1821 年，初名"香公司"，三年后更名为"香山公司"；1838 年，在梁亚胜的推动下，正式成立新加坡"香山会馆"，并购置了永久会所，便利了当地香山侨民的联系。1954～1957 年间，新加坡中山会馆与马来西亚各州的中山会馆，诸如比叻中山会馆、森美兰中山同乡会、槟城中山会馆、马六甲五邑会馆中山组、吉大中山公会、沙巴山打根中山公会等合组"马来西亚暨新加坡中山会馆联合会"。中山会馆下有榄镇、海州、曹步、古镇及隆都同乡会，对联系中山各地乡亲发挥了积极作用。

在越南地区香山商人也很活跃，其中叶伯行及陈立炬是南越的富商，他们二人先后被选为南越中华总商会的会长。在韩国汉城（今首尔）及仁川也有香山商人在活动。19 世纪初，已有香山侨民在夏威夷落籍，1882 年，香山人程利倡建檀香山中华会馆，使该地区香山籍乃至所有的华人有了一个联络的中心。

起初，南洋华侨按方言、籍贯或姓氏被划分为福帮（实际由闽南人组成）、广帮（指广州及附近几县讲广州话的华侨）、潮帮、客帮（指广东、福建等省讲客家方言的华侨）、海南帮（又称琼州帮）、三江帮（指江浙赣等省华侨）六大帮和许许多多的同宗会，各帮有自己的会馆和学校，各自分立，很少合作。陈嘉庚先生则从国家整体利益出发，号召福建中华会馆摒弃地域之见。在福建会馆创办的道南学校中，广东籍学生达60%。陈嘉庚先生说："全侨之团结，关乎爱国心理之演进者甚大……爱国与人民团结，实有至大关系。要爱国必须团结，既团结尤要爱国。何以言之？爱国而无团结，则如一盘散沙，力量奚以集中？既团结而不爱国，则团结亦属空泛。"陈嘉庚倡设了中华会馆，改造了中华总商会，设立星洲华侨教育基金会，通盘经营新加坡的华侨教育，裁并会馆及同宗会，每帮只留一所会馆，如福建会馆、广州会馆、潮州会馆、琼州会馆、客属会馆、三江会馆，其他一府一县的会馆分别合并于以上大会馆，同宗会一律取消，所取消的各会馆与同宗会的屋业，捐给教育会。这一举措极大地提高了新加坡华侨社会的凝聚力，具有积极意义。

2 华人会馆在欧美的拓展

华商往欧美移民同样依赖会馆的凝聚和激励。据李明欢先生研究，欧洲华侨史上第一个有史可考的会馆是1906年在英国利物浦成立的"英国四邑总会馆"。四邑即广东台山、开平、恩平和新会。19世纪中叶在美国西部发现金矿，掀起淘金狂潮，大批年轻力壮的四邑人涌向美国西部，接着他们又向欧洲开拓。到1906年，接踵而至利物浦的四邑人已有近百之众，几乎均从事洗衣业。"在1900年代，吾邑人士往英谋生者，日益众多，各自为工为商，毫无组织，更乏守望相助之意，有志之士认为长此以往，实非邑人之福。于是，共同集议，筹备组织四邑总会馆，以兹联络，而收互助互励之功。"余进、黄球、梅显利等十多位利物浦四邑人中的头面人物，决定筹组会馆，中华传统文化中的守望相助、共谋发展的精神在异乡背景下会开放出艳丽的花朵。余进等先组成"筹备委员会"，倡导捐款运动，马上赢得大家的响应，当年便宣告四邑总会馆成立，黄球成为第一任主席。会馆建立后，他把推进会员发展作为自己的首要任务。考虑到同乡们皆经营洗衣业，过于单一，且彼此争夺业务，也不利于行业健康发展，于是他们筹资以资助同乡开辟其他行业，这无疑壮大了同乡在当地的影响力。这种借助于同乡会馆而建立的"合会"因具有较强的信任度而被海外华人所重视，事业亦易取得巨大发展。

荷兰华侨会馆在1922年成立于荷兰鹿特丹。此地在1912年即有华人水手馆，接着更多的水手馆纷纷建立，分别以广州话、客家话和青田话为纽带，形成诸多小帮，如宝安帮、东莞帮、客家帮、青田帮等。到了20世纪初，宝安帮势力壮大，它出面联合各帮力量，发起成立代表全体荷兰华人的统一团

美国加州福建同乡会

体——"荷兰华侨会馆",且得到中国政府驻荷兰总领事馆的批准。李明欢先生分析了该会馆的构成,譬如理事会 9 名成员中,除担任荷文秘书者外,其余均为广东人,而且,其中包括会长、副会长在内的 5 人均为宝安人,因此其地缘性社团的潜在色彩十分明显。另外,会馆成员的职业基本是水手馆老板。这和中国本土的各地会馆,特别是商人会馆,呈现出共同的倾

美国洛杉矶中华会馆

向，基本上势力大者称王，会馆成员亦往往是生意上较有业绩者。荷兰的华人会馆虽然都打着"增进全体荷兰华人的相互了解、为所有遇到困难的华人提供援助"的旗号，且对于"不幸染病"者、"丧失工作能力希望回乡"者和"遇意外身亡"者提供帮助，秉承了中国本土会馆的做法，但其树立良好的社会形象以求推进商业发展的目的仍是很明显的。

在荷兰，地域性的会馆组织在 20 世纪 70 年代以后迅速发展。来自福建东部（福州、连江、长乐、福清等地）的新移民主要经营餐饮，并取得了一定发展，从而建立起会馆组织。1998 年 4 月，旅荷福建同乡联合会终于得以成立。

德国汉堡的中华会馆成立于 1929 年 10 月 10 日，发起人是浙江宁波籍商人陈纪林，属海员出身。尽管他在航海生涯中与德国各界有过较广泛的接触，但因为"一战"的影响，他的这些资源都没能帮上什么忙，只是到了和平年代后，他在汉堡租下一幢民房，建立了"汉堡华人水手馆"，为当时中国船员提供投宿、求助的场所，后发展到帮助落脚在当地的中国人解决诸如求职、办理护照或签证等问题，在华人界赢得了较好的口碑。水手馆担负起了安排生活、帮助求职和调解纠纷等职能，到 1929 年，正式挂牌为"汉堡中华会馆"，还建立了华侨公墓。

德国、法国乃至美洲等国家和地区的地域性会馆也逐渐发展起来。

3 海外会馆发展的特点

明清时期，华人会馆遍布日本、东南亚各国，在欧美也逐渐得到发展，由于特定的社会背景，故又显示出自己的特色。

其一，同宗会馆与同乡会馆并存。在新加坡，有创办于 1819 年的曹家馆、创于 1825 年的马六甲江夏黄氏宗祠、创于 1835 年的邱氏宗亲会馆、创于 1848 年的四邑陈氏会馆、创于

1849 年的槟榔屿许氏宗亲会、创于 1854 年的黄氏宗亲会馆和创于 1857 年的林氏宗亲会馆。有的宗亲会馆甚至超越地域界限，如新加坡四邑陈氏会馆、新加坡刘关张赵古城会馆等。与此同时，同乡会馆也并行不悖，蓬勃发展，还有的是以方言为聚集会馆的纽带，呈现出血缘、地缘与语缘并重的局面。这实质上说明，由于远离故土，能够依恃的组织都将受到人们的重视。在菲律宾，同宗会馆数量巨大，后来随着人数的增加，同宗会馆也会出现分立，有的一姓甚至有两个乃至更多的会馆，如施氏就分为浔江和钱江两支。施氏在菲律宾华人社会中具有较为显赫的地位，其他像黄氏、郑氏、王氏、陈氏等也都颇有实力。人们或参加同宗会馆，亦可参加同乡会馆，有时一个人分别是同宗会馆和好几层同乡会馆的负责人。

其二，商人势力在会馆中唱主角。这是早期海外华人会馆与本土会馆的显著不同之处。在中国本土，无论是士绅试子会馆，还是商人会馆，会馆的负责人往往是官僚、士绅或与他们关系特别密切的人。这是因为，传统社会里士、农、工、商四民秩序较为严整，即使明清时期商人地位有所提高，但依附性之强还是较为明显的。官商勾结几乎是明清时期商业发展中的一个基本现象，而在海外华人社会，唱主角的是经过艰苦打拼而壮大了经济实力的商人。尽管他们或许是在国内学过一些文化知识或者曾参加过科举考试但名落孙山者，但在当地社会，这些算不得资历，有雄厚的经济实力者才是当地社会的话语操纵者。会馆的领袖在新加坡被称为炉主，主要是从商人阶层中遴选出来的，就马六甲应和会馆而言，选举新首领的方法实际上就排除了非商人阶层。在选举前夕，会馆调查那些嘉应客家人的店铺和实业状况，然后把店铺和业主的名字记录在案，以备选举之用。因此，那些没有店铺和实业者，便无缘进入候选人之列。在 1863～1911 年的 48 年间，应和会馆产生过 48 名炉主，其中 31 名是店铺或公司的业主，9 名是店铺或公司的商号，8 名是店铺和业主的联名。正因为如此，这些会馆都能保证充裕的经费而长期不辍，商人有雄厚的资金，堪作会馆的经济担保，不会因政局的变化而使会馆受到影响。

其三，教育与裁判成为会馆所致力的重要事务。坚持本民族的文化往往是确立自我社会地位的一种基本立场，提高自己的文化素质也是谋求较高社会地位的前提。早期海外华人往往借助自己的组织，发展教育事业，以求得族群的壮大和发展。马六甲永春会馆以注重教育而出名，宗亲会馆如槟城邱氏宗亲会馆开办邱氏家学，其后有杨氏族学、陈氏族学纷起。延至 21 世纪，由会馆创办的高等学府亦不计其数。早期往南洋移居的多为闽粤人，实际上，闽粤地方乡土文化就是他们认同的文化，其中有"福佬人"，也有客家人，方言的不同亦导致其文化认同的差异。不过在谋求扩大华文教育这一点上，大家的立场是一致的。在海外华人会馆创立之初，各类债务、商务纠纷很多，又没有专门的解决机构，所以会馆实际上在执行一定程度的司法权。广肇会馆在 1890 年 2 月至 1904 年 4 月主要执行着仲裁的职能，一方面因其规模巨大，另一方面因该会馆的叶观盛和赵煌是众所公认的华侨领袖，所以该会馆在当时吉隆坡所有的华人社会组织中取得了领导地位。

　　其四，海外华人会馆的运行逐渐走向规范。会馆作为民间社团逐渐进入当地统治者的视野，于是各会馆都制订了相当详备的章程，这些章程且随着形势的变化而不断得到修订。譬如，新加坡福建会馆于1995年还对章程进行过修订，该章程指出："本会馆于一九三七年十月廿五日，由先贤陈嘉庚、李光前、叶玉堆、谢天福、周瑞献、颜世芳及侯西反诸先生，依据当时公司法令订立章程，注册为非盈利有限公司。""由于原章程施行四十多年，新加坡经历了从自治一直到成为一个独立国家，社会环境改变很多，因此本会同仁咸认必须修订之。"该章程分别于1980年4月27日（1982年9月24日由律政部长批准）、1987年4月28日（同年7月22日由财政部长批准）、1993年3月28日（1995年2月8日由财政部批准）进行了修订。最新版的会馆章程规定了会馆的宗旨，包括："促进新加坡华裔的感情与友谊"；"提倡、促进、管理、改善新加坡教育事业"；"维护、管理与改良……所有庙宇，如有必要也得扩大及重建这些庙宇"；"维护、管理及改良……任何坟地或其他产业，如有必要得扩大及发展这些坟地与产业"；接受捐赠，必须程序合法；会馆的修缮得视需要而进行，会馆的款项得作适当投资；等等。会馆会员的资格、权利和义务，会馆理事会的产生办法、任期、经费来源与使用、账目查验等，都有章可循。

　　其五，当代海外华人会馆呈现出更加丰富多彩的面貌。海外华人通过不同途径移居，文化层次也不一样，地域性较过去更加广泛。联结为会馆的纽带较前有了进一步的增加。过去在欧美主要是广东人建立的会馆，当代则呈现出各省会馆并兴的局面，甚至出现了以普通话为纽带的会馆，还出现了一些专业性的会馆或学缘性的会馆。笔者在加拿大进行过为期半年的调查，对此深有体会。这里有一般的湖南会馆、湖北会馆、惠东会馆、河南会馆，有伍胥山公所这样传统的广东人社团，也有复旦大学同学会、清华大学同学会、北京大学同学会等，还有美术家联谊会、书法家联谊会、机械工业生产者联谊会，等等。

海外华人组织还呈现出跨国联合的趋势，世界性的华商已经举行过多次大型会议，各宗亲团体联合的倾向也很明显，如已召开过世界王氏大会、黄氏大会、陈氏大会、客属大会等，华人的力量在整合中得到了进一步的壮大。

随着各国交往日渐频繁，商人、留学人员以及外交活动人员日益增加，海外华人会馆逐渐扩展到世界的各个角落，乃至有人说"有海水的地方就有中国人"，抑或"有海水的地方就有福建人"。这些都充分反映了中国人积极向海洋开拓的精神，中国人创造了辉煌的海洋文化，理应在世界海洋开发史上占有一席之地。

颜清煌博士研究了新加坡马来西亚的华人会馆，认为会馆炉主的选举是民主的，但含有极浓的宗教色彩。在选举当日，会馆会员聚首馆所，把参加候选的首领名字写在纸条上，然后把纸条卷起来，放进一个箱子或者一个竹制刷子盒里，每次取出一张纸条，拿一副"筶"在神祖牌前面抛掷，如果"筶"飘落成一个平面和一个凸面，即被认为有神灵保佑，若连续三次都如此，则纸上所标的候选人即被视为已经获得神灵的认可，其姓名便被当场宣布，从而成为会馆的新炉主。一些会馆举行选举仪式不是在馆所，而是在富有宗教气氛的义冢举行。炉主以下的理事等也依此选举而生，通过这民意的与神灵的双重认可，会馆基本上树立起了新的权威。权威的树立既保证了会馆具有较强的凝聚力，同时炉主也更能得到各方面的扶助与经济的支持，并在各种具体事务中发挥切实的作用。由于炉主必须在 12 个月的任期内保管"香炉"（它既象征着首领的权力，又象征着神灵的庇佑），而这"香炉"又必须存放在装修豪华的房屋和店铺中，同时，炉主和头家在诸多的庆典上大多需要捐资，以便在会员中树立良好的榜样，这样，实际上排斥了社会经济处于低层次的会员。在选举炉主和头家之前，会馆会调查会员的店铺和实业状况，因而炉主之位实际上为商人阶层所垄断。进入领导层所带来的声望和权力，对来自穷乡僻壤却已经致富的华人移民，有着极大的吸引力。这意味着社会地位的升格，与向清政府买官爵有着同等的意义。从发展商业活动本身看，炉主的地位标志着将得到保护神的特别庇护，在迷信盛行的时期和地区，来自神灵的偏爱，常被视为走运的重要标志，而且可能会进一步带来事业上的成功。

　　综观海外的华人会馆，其发展也经历了若干不同阶段。这既与国内的政治社会形势相关，亦与所在国家的社会状况变迁密切相关。20 世纪初是海外会馆初现时期，到 20 世纪 30 年代海外会馆迅速发展，许多会馆组织抗日活动，声援国内的抗日斗争。20 世纪五六十年代东、西方处于"冷战"时期，欧洲的华侨华人会馆因外界压力而趋于沉默，但到中国实行改革开放、国际形象有了极大的改善之后，世界各地的华人会馆再次出现了前所未有的热潮。李明欢先生认为，当代海外华人会馆在组建上追求关系纽带的制度化，在运作上追求群体效益的实现，在功能上追求社会资本的最大价值转化。有人从当代华商的发展中，看到了世界性华商网络的形成，有人认为华商经营的成功秘诀在于善于利用乡土等各种纽带节约交易成本。看来，海外华人会馆绝不仅仅是旧时代的产物，它往往能在时代的变迁中不断调整自己的形态，发挥积极的作用，因而会馆的生命力必将进一步被激发出来。

七 同殊相参：会馆家族
中的别样脸谱

尽管会馆已可大体区分为官绅试子会馆、商人会馆、移民会馆三大类，但实际上史籍中仍有其他类型的会馆，只是数量相对较少，不过因为符合会馆的基本精神，我们仍可以将其一一列举出来。

1 讲学类会馆

在明正德年间（1506～1521），"姚江王守仁令……安福邹宁益从游青原山，讲良知之学，其后会讲者吉水罗洪先……皆相继会青原，当道为创潜心堂于僧舍右，又建五贤祠，把王守仁，配以邹、罗、聂（豹）、欧（阳德），万历间吉水邹元标……倡姚江之学……于谷口之旁，建九邑会馆"。这是当地非经常性讲学聚众之所，也可称为"会馆"，在王学极盛的16世纪，吉安每个属县都有"会馆"，而且不久都有"公田备饩"。

这虽是自16世纪初叶起江西一省现象，却也体现了会馆设计者对理想道德的追求，以及"以道德化俗"的期盼，与京师的会馆有着一致的目标追求。虽然它们没有严密的规制，但这一时期的会馆已奠定了一个基调，它们都是志同道合的同乡人的聚会之所，后世效仿和景从者不绝如缕。汉口的紫阳书院几乎可以说是安徽会馆的代名词。有的同乡官僚在会馆规劝德行不好者改邪归正，如《二十年目睹之怪现状》中所记。

　　伯述道："他是我们历城（山东历城县也）同乡。我本来住在历城会馆。就因为上半年，同乡京官在会馆议他的罪状，起了底稿给他看过，要他当众与祖父叩头伏罪。又当众写下了孝养无亏的切结，说明倘使仍是不孝，同乡官便要告他。当日议事时，我也在会馆里，同乡中因为我从前当过几天京官，便要我也署上一个名。"

　　"他那位令祖，因为他虽然衣锦还乡，却不曾置得丝毫产业，在家乡如何过得活。便凑了盘川，寻到京里来，谁知这位令孙却是拒而不纳。老人家便住到历城会馆里去。那时候恰好我在会馆里，那位老人家差不多顿顿在我那里吃饭，我倒代他养了几个月的祖父。后来同乡官知道这件事，便把弥轩叫到会馆里来，大众责备了他一番，要他对祖父叩头认罪，接回宅子去奉养，以为他总不敢放恣的了，却不料他还是如此。"伯述正在汩汩而谈，谁知那符最灵已经走了进来。

有的人为了省钱，也想办法住到会馆去。《二十年目睹之怪现状》中也有这样的例子。

　　辅成直跳起来道："这还了得！我明日便依你的话，搬到会馆去住，乐得省点嚼裹。"雪舫道："这一着也未尝不是；然而你既赁了宅子，自己又住到会馆里，怎么见得省？"辅成道："哪里的话！我既住到会馆，便先打发了老妈子，带着小孩子住进去了。"雪舫道："早就该这样的办法了。"

2　兵会馆

　　明代对福建等东南地区的管理主要是军事性的，渐而由军事管理转为行政管理，在这种转变过程中，一种叫兵会馆的组织就成为这种取向的一种试验。时人王慎中在《兵会馆记》中说："泉州之有兵会馆，始于三衢程侯秀民之议，而皖城方侯克之。至首以德教开导其民，使知向方，断狱、理财、治军之政，亦以次举。览程侯之所图，而功绪未竟，檄知事周扬使董其役，而馆成矣。规模条画，具克如议，而修治战舰，募置水卒舆夫，教习训练之法始密，可以待非常之警而垂于无穷……予曰：'可哉！盖孔子不言军旅之事，而恶夫以不教之民战者。'古之所以教民，其具虽详，其要可得而知已。"在当时政治统治相对薄弱的地区，在军事性管理向行政性管理转变的过程中，兵会馆实际上是提前开辟了以孔孟思想进行教化的渠道，同样包含了以教化服人、造就良民、建立儒家理想社会秩序的追求。接受了教化的民众，可以转化为良民，而迟迟不开展教化，民众也容易转化为盗贼，成为敌人，增加海防的负担。由此可见，会馆之陶冶德行的道德教化功能一直贯穿于会馆的发展过程，成为传承发扬中国传统优良道德的一个基地。

3 乡仕会馆

明天启元年以前，佛山没有专门的行政机构。乡绅们"凡有公会，咸至止灵应调，旋聚旋散，率无成规"。到天启元年（1621）李待问长兄李好问从福建泉州卫解级还乡，冼圭、梁完善等也在此时致仕归乡，他们于是倡议"于灵应祠的隙地建乡仕会馆，李待问颜其堂曰：嘉会。后见此处庭除湫溢，又议鼎建"。天启七年（1627），以上四人与梁完赤、梁锦湾、陈玉京等共同协作，"数月而门庭堂奥焕然改观，规模宏远矣"。乡仕会馆（嘉会堂）是佛山都市形成以来第一个民间机构，其主要功能是"处理乡事"和决定地方公益款项的使用。乡仕会馆成为明末佛山社会的民间常设行政机构，有力地缓和了阶级矛盾，竭力保持着地方政治的平衡发展。这虽不是纯粹意义上的会馆，但它基本承担了会馆的一般职能，可以视作会馆的一个特例。

清代台湾纳入大陆版图后，清政府派兵驻扎台湾各地，称"班兵"，商人阶层也随之进入。雍正七年（1729），台南知县杨允玺、游击林梦熊率粤东诸商民建立潮汕会馆，祭祀三山国王、韩文公韩愈。乾隆五年（1787），戍守鹿港的水师官兵与当地绅商合建鹿港金门馆。嘉庆九年（1804），桐山营头目郑国平、高云飞、汪士晖、林进标同董事苏建邦、张克容、张达三、黄璜等人捐建桐山营会馆，主祭玄天上帝。道光二年（1822），班兵建银同会馆，祭祀妈祖、朱夫子和蓝鼎元。咸丰七年（1857），金门人王士仁等奉命到艋舺为兵，于是在当地建立金门馆。光绪元年（1874），广东籍军人建立两广会馆。有"安平五馆"之称的闽安馆、提标馆、海山馆、金门馆、烽火馆都具有班兵性质。

往来于两岸的商人们或以经商物品分类，或以同乡纽带相联结，所建会馆分为泉郊会馆、厦郊会馆等，这种分类仅见于台湾，具有一定的独特性。

台湾鹿港泉郊会馆

八　时代的镜子：会馆里的人事演迁

科举制度被废除后，北京的许多会馆演变成同乡会，如薛肇基所说："辛亥以后，乡人之旅京者十数倍于曩时，品流不一，分谊因之疏遐。"然而，这一时期不少革命志士、文人学者纷纷栖身于会馆，在此获得相对安稳的一席之地，从而促进了各自事业的发展。

1　会馆成就同乡志业

广东省的在京会馆与清以来的广东籍名人直接相关。清初学者朱彝尊曾在海北寺街顺德邑馆的古藤书屋编写《日下旧闻》；上斜街东装新馆曾是清初名将年羹尧的故居；上斜街的番禺会馆则曾是龚自珍的故居；康有为两次进京应试都住于南海会馆，其后该会馆成为康有为策划"戊戌变法"的重要据点；梁启超18岁时进京应试，住在粉房琉璃街的新会邑馆，后来甚至在此馆举行婚礼。孙中山亦于 1912 年入住过香山会馆。

浙江省的在京会馆中也留下了许多名人的踪迹。鲁迅住过绍兴会馆，秋瑾烈士的战友徐锡麟住过绍兴会馆，并为修缮此馆捐过钱。盆儿胡同的鄞县会馆曾被用来召开"五四"时期"少年中国学会"的筹备会和该学会成立一周年的纪念会。我们还知道杨乃武与小白菜的冤案亦是通过浙江会馆才得以昭雪的。另外，早在咸丰年间，绍兴会馆甚至举办过以培养幕师和差役为目的的培训班。幕师班招生对象必须是在府州县已考中的"秀才"，经面试、口试和笔试后选优录取，差役班招生对象必须是在故乡私塾已读"四书""五经"，体格健壮、举止大方、五官端正、谈吐清晰且未婚的青年人。这种培训班的出现也许还包含了时人遏制政治腐败、规范政治行为的内在追求。

湖南省在京会馆也与湘籍名人直接相关。谭嗣同曾住浏阳会馆，毛泽东曾住湘乡会馆。沈从文、丁玲、吴奔星等文坛名将亦住过湖南会馆。其后，这里一度成为现代新诗刊《小雅》的社址。

安徽省在京会馆曾得到李鸿章的积极扶助，米市胡同的泾县会馆曾作为 1918 年创刊的《每周评论》的编辑部。现代通俗文学大师张恨水在北京时住在潜山会馆。

会馆是各省在京人士政治和文化活动的中心，留下了许多名人的足迹。1912 年 8 月，孙中山先生来到北京，京城各界人士在虎坊桥湖广会馆举行了隆重的欢迎仪式。湖广会馆还留下了张居正、纪晓岚、曾国藩、梁启超、章太炎等文臣名士及谭鑫培、余叔岩、梅兰芳等梨园泰斗的足迹。1920 年 2 月，毛泽东来北京后曾居住于烂缦胡同的湖南会馆,在会馆的戏楼里召开了"湖南各界驱逐军阀张敬尧大会"。如今,这些会馆均已成为文物保护单位。

明朝至清中叶,北京能公开演戏的场所很少,大部分的戏剧演出是在会馆的戏楼里举行,所以,较大的会馆都建有戏楼。现在,保留下来的湖广会馆大戏楼、银号会馆的正乙祠戏楼、平阳会馆戏楼和湖南会馆戏楼等,都见证了当时北京戏剧活动的发展。

清初,北京诞生了两部不朽的剧作,一是洪升的《长生殿》,一是孔尚任的《桃花扇》。洪升(1645~1704),字昉思,浙江钱塘人。他一生坎坷,命运多舛,却极有才华,诗词、戏剧皆精。他根据唐明皇和杨贵妃的爱情传奇故事,历时8年,数易其稿,于康熙二十七年(1688)写成《长生殿》。《长生殿》曾在虎坊桥的后孙公园即后来的安徽会馆戏楼演出,轰动一时,"圣祖称善","传唱甚盛"。可后来此剧在官场斗争中成了牺牲品,落了个"大不敬"的罪名,不仅洪升被下狱,而且不少友人也被连累。1700年,孔尚任的《桃花扇》在菜市口绳匠胡同(后改为丞相胡同)的安徽休宁会馆碧山堂戏楼演出,其后此剧命运和《长生殿》差不多,经历了一番大起大落,孔尚任糊里糊涂地被罢官回山东老家去了。可他们的这两部剧作,300年来常演不衰,传承至今。

康熙六年(1667),江浙商人在正乙祠银号会馆内建立了戏楼,距今已300多年了。京剧创始人程长庚、谭鑫培、卢胜奎及梅兰芳、余叔岩等都在这里演出过。宣武门外大街路东的江西会馆，馆匾是人称"辫帅"的江西人张勋所题。馆内戏楼前建有罩棚，可容纳 2000 多名观众。这里曾是京城最活跃的戏剧演出场所。20 世纪 20 年代，鲁迅先生曾多次来这里与友人聚会和看戏。俞平伯、吴梅等名士也在这里以票友的身份演出过昆曲。

清末民初，专业的戏院、剧场纷纷建立，会馆的戏剧演出才渐渐衰落。然而，会馆的戏剧活动在北京戏剧的发展史上留下不可磨灭的一页。

遗存至今的会馆看似都是一些破旧的小平房，可实际上却积淀着非常丰富的历史文化。宣武门外大街的歙县会馆创建于明末，是北京最早的会馆之一，原为商馆，清初改为试馆，这里曾居住过马克思在《资本论》中提到过的唯一的一位中国人——王茂荫。王茂荫曾在清道光、咸丰、同治三朝任过御史、侍郎等职。咸丰四年（1854）他曾上书主张实行货币改革，遭到皇帝的申斥。他一生的大部分时间是在歙县会馆度过的。

2 晚清政治变局与会馆功能的变迁

晚清的政治变局使读书人不得不改变自己的人生轨迹，他们本来可以缘"正途"科举而晋身政界，而当时科举制度在一派叫嚣声中被废除了，京师各会馆的科举功能顿时丧失。聚集在会馆里的知识分子有感于政局的动荡，讨论起拯救中国的方略，许多仁人志士在会馆从事着革命活动，或者以笔杆为投枪，创作了大量的文学作品。可以毫不夸张地说，晚清以来京师会馆成了旧文学蜕变为新文学的阵地。

　　会馆成了当时政治、社会活动的场所，近代很多重大历史事件和重要历史人物都与会馆直接相关。中国共产党建党初期，作为中共北京地委书记的赵世炎和周恩来及朱德的亲密战友孙炳文等曾在位于南新华街东侧后铁厂胡同8号的四川叙州会馆从事秘密活动。宣武区南横街11号的粤东新馆建于清末，曾是"戊戌变法"时"保国会"的旧址。1898年4月12日，全国性的维新派组织"保国会"在这里成立，参加成立大会的有200多人，楼上楼下都挤得满满的。康有为在会上发表了一篇激动人心的演说，号召大家奋起，拯救民族于危亡。后因清政府守旧势力的破坏，参加"保国会"的人越来越少，"保国会"不得不停止活动。1912年夏，孙中山先生来京时曾应旅京粤省人士的邀请来此出席欢迎会。这里在明末清初还是怡园遗址的一隅，建有四松亭（因有四棵松立于山石间，故名）。清末建粤东新馆时亭与松石全然绝迹。会馆原有戏楼、花园，现花园和戏楼俱毁，唯有"保国会"的正房还在。始建于1807年的北京湖广会馆，原为湘、鄂两省之人的同乡会馆，也是当时政治、文化活动的中心。孙中山先生曾5次莅临会馆，并在此成立国民党；梁启超先生曾于此地演说"变法之纲领"；马寅初先生曾在会馆发表《中英日经济关系》的演讲；湖广会馆于1830年增设戏楼，京剧大师谭鑫培、余叔岩、梅兰芳等诸多名家都曾在大戏楼舞台上留下足迹。湖广会馆是北京著名的会馆之一，历史上还曾是清代徐乾学、岳钟琪等人的故居。清嘉庆十二年（1807）由刘云房、李秉和创议公建，道光年间集资重修，曾国藩又再次修建。该馆前部有戏台；中部为文昌阁，供奉司文运的文昌帝君，有乡贤祠，供奉全楚先贤，每年正月同乡团拜祭礼，还有一口据说只在子午时水方甘甜可口的水井；最后部分为供举行会议的宝善堂、供宴饮的楚畹堂和供会客的风雨怀人馆。

宣武区珠巢街5号的中山会馆，相传为明代权臣严嵩的花园别墅，分前、中、后三个大院，这些大院又被许多小跨院环抱着。大门内是一座木影壁，绕过去便是大客厅，客厅的四周有回廊环绕，另外有魁星楼（传说魁星是专司人间考试的星宿）、戏台、假山、亭榭、水池、小石桥、什锦窗院墙等。院内种有藤萝、桃树、柳树、梅树、牡丹等花木，假山上满植爬山虎，环境十分优美。伟大的民主革命先行者孙中山于1912年到北京，曾到珠巢街的香山会馆参加集会，并曾到南横街的粤东新馆出席欢迎大会。中山会馆的前身是广东香山会馆，由孙中山先生的同乡唐绍仪创办，后因香山县改中山县，香山会馆也就更名为中山会馆。这里很早就是有志青年进行革命活动的场所，广东青年会在这里活动过，后来又成立了"中山少年学会"。中山会馆曾是中共一个地下联络站，地点就在会馆内中院五间过厅的西头一间。位于宣武区米市胡同43号的南海会馆，坐西朝东，里面有大小十几个院子。"戊戌变法"的领袖康有为便住在南海会馆的北跨院里，他所居住的房间外形酷似一条小船，名曰"汗漫舫"。当时，跨院里种植着7棵树，随之又得名"七树堂"，当时的民国交通总长叶恭绰为其题写了匾额。院内曾经有一条走廊，两侧堆砌着山石，长廊壁间镶嵌着苏东坡《观海棠帖》的石刻。1882 年和 1888 年，康有为两次到京城应试，都是住在这里；1895 年，清政府签订了丧权辱国的《马关条约》，康有为再次上书主张变法，并邀请赴京会试的举人联合署名，要求拒签合约，反对割地赔款，要求变法维新，此即中国近代史上有名的"公车上书"。1897 年康有为等人在此创立了"粤学会"，之后相继成立了"经济学会"与"知耻会"，研究救国图强之道。"戊戌六君子"之一的谭嗣同故居"莽苍苍斋"位于浏阳会馆，在宣武区北半截胡同。他在这里写文章、发书信，提出废科举、兴学校、开矿藏、筑铁路、造轮船、办工厂、改官制等变法维新的主张。光绪二十四年（1898）九月二十六日，清政府派兵到浏阳会馆抓走谭嗣同，不久将其杀害于菜市口。"戊戌变法"中同康有为齐名的梁启超住过的新会会馆，在宣武区粉房琉璃街。变法失败后，梁逃亡日本，1916 年，梁又在新会会馆起草策动蔡锷组织护国军反袁世凯的《保国会章程》。他的许多著作是在新会会馆完成的。宣武门外上斜街的番禺会馆，曾是我国近代进步思想家、文学家龚自珍的故居。他面对清末的衰败局势，不止一次提出变革图强的建议。

始建于清乾隆年间的泾县新馆，为区别于崇外长巷头条的泾县会馆，于道光年间改称泾县新馆。清嘉庆朝广东乡试副考官、泾县人胡承珙曾为泾县新馆捐赠一笔巨款，使其得以修缮。清代书法家包世臣亦曾住泾县新馆内，并在馆内写了《艺舟双楫》一书，为后人所传颂。《每周评论》在此创刊，由李大钊、陈独秀任编辑，张申府、胡适、周作人、高一涵、王光祈等经常为该刊撰稿，大大提高了泾县新馆的知名度。李大钊除在泾县新馆创建《每周评论》外，亦于1919年7月1日，与王光祈一同发起，在位于宣武区盆儿胡同55号浙江鄞县西馆内成立了"少年中国学会"。该会宗旨是："振作少年精神、研究真实学术、发展社会事业、转移末世风气，以创造适合于20世纪思潮的少年中国。"鄞县西馆是与崇文区薛家湾先建的鄞县会馆相对而言，是在浙鄞义地的基础上，于清光绪年间兴建的。会馆北面有民宅，东、南、西三面皆为荒郊，十分荒凉。"五四运动"后常有革命者到附近的陶然亭集会，鄞县会馆才被革命者所重视，成为集会之所。1920年"少年中国学会"会员邓中夏、张中府曾在此存影留念。

位于宣武门外大街的江西会馆原有四合楼、戏台等。民国年间蔡锷、陈师曾等著名人士的追悼会在这里举行。1916年为反对扩大天津法租界，全国公民会在这里成立。

位于宣外上斜街路南36号和路北27号的河南会馆，始建于明末万历年间。河南新郑人、明朝大学士高拱为了解决在京豫人集会团拜之用，在上斜街与北河沿胡同之间购得荒地一方，约2亩，建起3所平房，定名为"中州乡祠"。清康熙十年（1671），河南睢州人、工部尚书汤斌在上斜街北部正式建成中州乡祠，同时又在中州乡祠路南招提寺地基修建大厅，名曰"洛社"，聚众讲学（因未形成会馆，所以不属会馆办学）。清咸丰末年，河南武陟人、户部侍郎毛树棠于洛社东邻购得地基约2亩，修建了一座北至北河沿、南至达石桥且包括中州乡祠及洛社在内的河南会馆，名曰"嵩云草堂"。同治末年，毛树棠之子、兵部尚书毛昶熙与河南项城人、刑部尚书袁保恒（袁甲三之子，袁世凯从叔）筹资在馆内修建了"精忠祠"，供奉宋朝忠臣、民族英雄岳飞，掀起河南会馆祭祀先贤的活动。而后同乡互有捐献，至清光绪时，会馆已有厅堂斋舍130余间，成为河南在京会馆中占地规模最大的会馆。1895年5月1日，为了使清政府拒绝承认李鸿章签订的卖国条约《中日马关条约》，康有为、梁启超联络18省入京考试的举子，齐集杨椒山祠及附近的河南会馆。康有为宣读了《上皇帝书》，得到1300余名举子的拥护，拉开了"公车上书"的序幕。次日，康有为率领举子至都察院，第二次举行抗议并上呈《上皇帝书》，虽被无理拒绝，但却达到了宣传维新的目的。康有为曾写诗为记："海东龙泣舰沉波，上相辌轩出议和，辽台阢阢割山河，抗章优阙公车多，连名三千毂相摩，联轸五里塞巷过。台人号泣举检歌，九城谣诼遍网罗，杠棺摩拳，击鼓三挝；栓避不朝，辞位畏何。美使田见惇士气则那！索稿传抄；天下墨争磨、呜呼！推秦不成奈若何！"此诗对"公车上书"的来龙去脉作了完整的记述。此后，河南会馆成为维新派的一个议事处，为戊戌维新运动做出了贡献。清末河南旅京豫人为解决子女就读问题，在嵩云草堂创建河南公立京豫学堂，民国时该学堂更名为京兆私立河南中学，1928年改为北平市私立嵩山中学，新中国成立后为北京市立第14中，现为北京第204中学。

位于下斜街的全浙会馆，是清康熙年间赵恒夫"寄园"

旧址之一，后被捐作会馆。民国初年，革命报人邵飘萍、林白水曾在此从事反对军阀、宣扬新文化的活动。1928 年北平建市后，邵、林二烈士的追悼会曾在全浙会馆举行。

绍兴会馆在宣武区南半截胡同。新文化运动的伟大旗手鲁迅于 1912 年住进绍兴会馆，在此居住 8 年之久，写下了《狂人日记》《孔乙己》《药》等许多不朽的小说和极富战斗性的杂文，并完成了许多翻译作品，从而奠定了新文学的基石，他也成为反帝反封建的英勇旗手。

福州会馆原在福州馆街，为明万历年间叶向高捐私宅建成。1813 年林则徐初入京，官卑俸低，寄住于贾家胡同莆阳会馆。当他得知福建籍刑部尚书陈望坡辞官告归并捐出私宅建立福建新馆时，毅然将代人书折写文的笔润，全部捐出，用于新馆装修。此举得到闽籍旅京人士的称赞和响应，他们踊跃捐助，促成福建新馆的建立。

九 会馆的文化传承：建筑
设置与神灵崇拜

会馆是明清以来社会政治、经济结构变迁的必然产物，同时又不断地调整以适应社会变迁，从而有效地执行社会整合的功能。会馆的建筑设置、神灵崇拜等，势必映射出当时社会文化的演进趋向。

1 建筑设置

人们常说"建筑是凝固了的文化"，而会馆所蕴含的文化正是以建筑及其设置表现出来的。考察具体的会馆史料与遗迹，各会馆的建筑设置并不整齐划一、自始而定，而是千姿百态，同时又处在变迁之中。

先看京师的会馆，有人说绝大多数类似大型住宅，这有一定的合理性，因为的确有许多会馆是由住宅演变而来。有的会馆是官员或商人"舍宅为馆"的，有的会馆是由他们出资购买的民房、官宅转变而来。前者，如福建的"叶文忠向高、李文贞光地、蔡文恭新三相国、陈望坡尚书……皆舍宅为馆"；又如，戴璐引陈泽州《三晋会馆记》云："尚书贾公，治第崇文门外东偏，作客舍以馆曲沃之人，曰乔山书院。又割宅南为三晋会馆，且先于都第有燕劳之馆，慈仁寺有饯别之亭"；再如，"寄园为高阳李文勤公别墅，其西墅又名李园，狄立人亿于此设宴，见姜西溟诗，其后归赵恒夫给谏吉士，改名寄园……给谏，休宁人，子占浙籍中式，被某劾之，谪官助教，久住京师，以寄园捐作全浙会馆"；再如，福建龙岩商人捐舍为龙岩会馆。后者，如：京师的福建漳郡东馆是由在京众官僚捐资购置民人郭永温"故父遗下瓦房两所，共门面五间，通后连厢房，大小共计房拾陆间"而建的；延平会馆、建宁会馆、同安会馆、莆阳会馆亦都由同籍官僚合资购得民房而建；道光四年（1824）创建的广东南海会馆，是由当时都察院副都御史吴荣光以及李可琼、邓士宪倡建，三人各捐白银五百两，最后筹得一万三千两，购得宣武门外米市胡同董文恪故第，修治而成会馆，这里"形势安恬，堂庑爽恺，花木竞秀，丘壑多姿"；湖南的浏阳会馆是同治十一年（1872）由户部主事谭继洵等购宣武门外北半截胡同北头路西官房一所建成的。无论是舍宅为馆，抑或购房为馆，都表明民房、官房可转化为会馆。许多会馆就是标准的四合院结构，因此说会馆类似于大型住宅也未尝不可。不过，这种由民宅、官房到会馆的转变本身就是一种信义之举，而且，会馆的建成又为信义的树立与普及提供了一个良好的基地。

会馆往往并不满足于类似大型住宅。李家瑞在《北平风俗类征》中引杨懋建《京尘杂录》记载："宣武门外大街南行近菜市口有财神会馆，少东铁门有文昌会馆，皆为宴集之所，西城命酒征歌者多在此，皆戏园也。""凡得鼎甲省份，是日同乡京官开会馆，设宴演戏，遍请以前各科鼎甲，迎新状元，其榜眼探花亦如之，鼎甲传胪用大红长条贴门，与得试差同。"由此可见，会馆是同籍官员为本籍科举考试成绩优异者举行庆贺仪式的场所。据夏蔚如《旧京琐记》云："堂会演戏，多在宣外财神馆、铁门之文昌馆。至光绪甲午后，则湖广馆、广州新馆、全浙会馆继起，而江西馆尤为后进，率为士大夫团拜宴集之所，以此记载观之，是财神馆当时本为堂会演戏之所，非专属于闽人，他省人亦可借用之。郑稚辛孝廉孝桎亦云，同光间常至该馆观剧，闽浙总督巡抚新到任者，出京时，闽之同乡京官，恒借此演剧钱之，成为定例。光绪初年，始改作福建会馆，是王可庄殿撰之所倡也。"这表明有些会馆并非类似大型住宅，它是娱乐场所蜕变为会馆的一种类型。

清代的汪启淑说："数十年来，各省争建会馆，甚至大县亦建一馆，以至外城房屋基地价值腾贵。"这表明政府对传统信义观的倡导与人们的景从。有人说："盖士之至京师者多，则设会馆也不能俭。"当时社会上奢侈享乐之风盛行，人们竞相攀比，以致会馆渐趋华奢，会馆的建筑"大都视各地京官之多寡贫富而建设之"。这既揭示了京师各会馆建筑规制之不同的本质原因，同时也表明士绅阶层对被看作信义之举的会馆建设的热衷。商人们致力于会馆建设亦可看作是其笃信信义的表现。

比较完备的会馆当然是高屋华构，它们多追求符合礼制，在中轴线上布置主要房屋，坐北朝南，最南端为戏楼，次为客厅，再次为正厅和东、西两厢房。有的会馆还设有魁星楼，有的会馆则设置假山，建亭挖池。如建于北京的长吴会馆，于清嘉庆八年（1803）扩建重修，"筑堂五楹"，"堂之北为广厦，亦五楹，以祀神。其前起台，以为祀神歇舞之地。此则昔之所未备也。至于衍宴之所，憩息之处，庖湢所在，舆仆所栖，以迨守棺之人所托止者，靡不井然毕具。其为制则华而不侈，朴而不陋"。这大体是一般会馆的规制。

湖广会馆位处宣武门内虎坊桥路东，正中心是会馆的主体，主要建筑布置在中轴线上，最北端即是正厅，中间是客厅，最前端建戏楼，三者以游廊相连。戏楼坐北向南，据该会馆志书载："前院演戏有戏台一座，后台十间，北、东、西三面为看楼，上下共四十间，中为广场，可容千人，旧式之大戏院也。"而据张驭寰先生的实地勘查，该戏楼"南北九间，东西六间，两层共计54间……舞台的两侧和前面均为方形采光窗。第一层雅座与池座隔栏杆互相衔接，第二层楼座各柱间，下设栏杆，上装花格，在花格上悬金匾，书写'一等侯爵'、'世袭一等侯爵'、'大学士'、'协办大学士'、'状元'、'榜眼'、'探花'、'会元'等等，其中还有熊伯龙之顺治乙丑科榜眼，是最早的一块。"在《汉阳会馆题名匾录》中，熊伯龙被列在第一位，当年与他一起中进士的汉阳籍人达7人之多。金匾排名不难体现出其荣耀于乡里的意味。会馆供乡人观戏与缅怀先贤，亦包含了对民众的教化。河南会馆在正厅设置了一座岳飞神像，亦包含同样的意义。

湖广会馆外景

湖广会馆的看戏堂厢

天津湖广会馆气派的戏台

宁波庆安会馆戏台

李景铭的《闽中会馆志》为我们描述了设在京师的福建省、府、县各级共 22 所会馆的建筑设置情况，其一般也多有戏楼、正厅、神殿、厢房等设置。会馆的建筑设置经历了一个不断变迁的过程。仅以汀州会馆为例，它是在京汀州同乡集资购买施以仁的居室而建，坐落在正阳门外正东坊方向，后经过改造，"漱溢者高而大之，颓圮者修而葺之，为栋宇凡三，前为堂余，名之以旅萃，取《易》卦义也。堂之东为门，中栋中室供事郡城隍神，西为官房，东募守馆者居之，以司洒扫启闭，后稍卑小，为从室，为厨舍。既落成，规模轩豁，焕然改观矣"。由此可知，汀州会馆由民房加以改进而成，建筑更加庄严，前后共三进，为传统的四合院落，但它又融入了汀州乡土色彩，其建筑材料中的木材是清流、宁化一带出产的红杉，屋面为硬山合瓦，起坡平缓。房屋明间大，次间小，稍间大，分隔自由。前出廊上部天花板棚做成各种形式的"轩"，造型美观而富有变化。挑尖随梁是双象形蜀柱，梁头雕饰有天马、神牛等多种装饰。青砖墙、红色窗，整个建筑风格独特，雕工精湛，彩绘和谐，色调素雅，颇具南方民居的建筑风格。到乾隆年间，这些房屋进行了一次较大规模的维修，形成汀州会馆的北馆，又用一百两银子典买本巷南口民房一所，共 8 间，重新增建汀州南馆。我们认为对会馆房舍一次次的扩建、修缮实际上是倡导和发扬信义的结果。反之，在信义得不到发扬时，会馆的没落便不可避免。泉州人王朝端就曾发出感慨："顾旅居乡人，时行时止，来去无常，而执掌馆务者亦随时变更，京兆五日，势所难免。旧都会馆林立，产业纷如，在在需人管理，但年湮代远，管理之人，或为居民侵占，或为馆丁窃据，致使先达苦心，将归泯灭。"由此看来，京师会馆规制的不同可以多少映照出不同地域的政治势力的宦海沉浮。泉州籍的洪承畴政治地位一度显赫，成为泉郡会馆兴旺的政治保障。显然，在作为全国政治中心的京师，会馆除了具有积极的文化意义外，也时常会滋生出不健康的地域政治观念。

明清有的会馆呈现出园林化的发展趋向，如安徽休宁会馆原是明代相国许维祯的宅第，屋宇宽大，廊房幽雅，内有三大套院和一个花园。套院里设置专门悬挂写有皖籍科举考试得中者姓名匾额的文聚堂，设有祭祀朱熹和历代名臣的神楼，还设有戏台、碧玲珑馆、奎光阁、思敬堂、藤间吟屋等。花园里有云烟收放亭、子山亭、假山、池水，会馆总面积达9000多平方米。李慈铭曾在该馆的碧玲珑馆中宴请朝鲜使臣，他说此处"颇有竹石，清池曲栏，重杨映之，为最佳处"。中山会馆内亦建有12柱的方亭，四坡水顶，周围控池为水，水旁叠石，颇有园林之美。园林化的趋向使会馆成为陶冶乡人性情的良好场所，为文化的世俗化开辟了又一条新的途径。

由此可知，会馆的规模由小到大，这既体现了当时社会风气的趋向浮靡，同时也表明人们为追求理想所做的努力。仪制的庄严敬肃并不仅仅是奢靡之风的体现，实际上也是一种积极的文化建设。然而，会馆建筑规模的大小既与创建者是否有美好的理想有关，还与创建者、管理者及客籍同乡官员多少、情趣爱好直接相关，所以有的会馆可能由强转衰，有的会馆可能由统一而分立，这其中包含了文化建设中的消极现象，它有时足以抵消文化建设的积极成果。

在京师有不少商人独建的会馆，其中亦多设有戏楼、正厅、客厅、左右厢房，有的还设置义冢，其目的在于"使旅客生者有所聚欢，而殁者有安居"。这表明商人们在市场经济氛围下为"敦厚仁恕，保全信义"所做的不懈努力。

广东会馆厅堂

在工商都会，商人会馆更加发展。商人会馆一般随着其产业的壮大而不断增宏。如清初番禺、顺德、新会、南海四县来湘潭做买卖的人合建会馆，后随着各县经济实力的加强，会馆一分为四，番禺有番山堂，顺德有凤城堂，新会有古岗堂，南海有粤魁堂，各自设立规约，处理同县人事务，其与四县人有共同利益者则取一致行动。他们往汉口进行贸易时，亦于康熙五十一年（1712）建立会馆，乾隆九年（1744）又复增建，式样仿湘潭。40 余年后，堂宇荒废，乾隆五十四年（1789）遂又改筑，增大规模，太平天国运动时遭破坏，后又由同县人合修成功，到光绪年间，经商者开始以课税收入作改筑增设之用，到光绪十七年（1891），一座宏大的岭南会馆便告落成。这表明商业会馆与经商的同籍人的多少、客籍同乡官员多少、社会环境的治乱的关系都甚密切。

2　神灵崇拜

在会馆的建筑设置中，神灵设置是保持其完整性的首要条件，可以说，会馆神灵是明清会馆赖以生存的精神支柱，它体现了社会环境的熔冶，也规范了会馆的发展方向。

在京师的会馆或奉祀财神，或奉祀福禄神、关帝、乡先贤及其他乡土神；在工商城镇有些会馆奉祀乡土神，有些会馆则又奉祀行业神；而在移民集中区域，会馆则几乎是以奉祀乡土神为主，又不断包容对其他诸神的崇祀。

在会馆发展的最初阶段，乡土神是最基本的崇祀对象，不少地方很便利地就确立了自己的乡土神。例如，江西人奉许逊为"吾乡福主旌阳许真君"，福建人奉林默娘为天后圣母，山西人奉关羽为关圣大帝，江南人祀准提，浙江人奉伍员、钱镠为列圣，云贵人奉南零云为黑神，广东人奉慧能为南华六祖；再如，湖北麻城人奉"帝主"，长沙人奉"李真人"。同乡籍神灵是寓外同乡人最易认同的旗帜。然而，实际上并非乡乡都有自己的乡土神，而且乡土本身就难分清界域，乡土的范围总是相对的，可大可小。因此，会馆的乡土神设置，其意义并不仅仅在奉祀乡土神本身，更重要的含义在于神灵的设置为会馆这一社会组织树立了集体象征。

正因如此，考察各地寄籍同乡会馆，其祠祀神灵便存在互有异同的现象。湖广会馆亦有崇祀关羽的，在四川中江，亦建有关帝宫即湖广会馆。安徽徽州人在江苏苏州兴建的大兴会馆、徽宁会馆都造殿阁以"祀关帝"。浙江兰溪县内的关帝宫亦是乾隆二十六年（1761）徽州众商所建，"华安阁亦祀关帝，徽商程士章等首建"。设在苏州的浙江金华会馆亦祀关帝。广东会馆也有崇祀林妃的，如河南林县的"天上圣母宫"为闽粤人所共建，渠县"龙母宫"为广东人所建，海南增县的天后宫"在城东门外大街尾，一名朝天宫，明万历丁酉（1597）吏目周行率商人创建，清初为广府会馆"。上海的商船会馆本来是崇明籍船商共建，亦崇奉天后圣母。关帝、天妃本属全国通祀之神，却也可以成为人们联络同乡的精神纽带。

正像民间普遍供奉多神一样，许多会馆也并非以仅供一神为满足。徽州商人所建会馆最初大多奉祀乡土神朱熹。如湖北汉口市镇内有新安商人建的新安会馆，专祀徽国文公，栋宇宏广宽敞。在江西景德镇，婺源商人殷昌檀等筹划新安会馆，"阅二十载，竣事，奉朱子入祠"。在蓼六，此地经商的徽人颇多，因岁时伏腊，聚集无所，徽商汪嘉就与众商商量，"为会馆以祀朱子"。设在吴江盛泽镇的徽宁会馆则亦把拜祭烈王汪公大帝（即汪华，"当隋季保有歙、宣、杭、睦、婺、饶六州，称吴王，唐封越国公"）、张公神（即张巡，唐代的忠臣良士）。山西商人在北京的会馆也不单祀关帝，如雍正年间的晋翼会馆"中厅，关夫子像，左间，金龙大王，右间，玄坛财神"，光绪时的临襄会馆内供"协天大帝、增福财神、玄坛老爷、火德真君、酒仙尊神、菩萨尊神、马王老爷诸尊神像"。清康熙年间，很多绍兴商人到北京开店营业，一些经营银号和金店的商人在外城西河沿建立的正乙祠，"正殿祀正乙、玄坛祖神、关圣帝君、增福财神等十余个神"；而颜料业祭的神是"真武大帝、玄坛祖师、梅（福）仙、葛（洪）仙"。

在天津的天后宫大殿内，除供奉天后外，还有多尊神座，如"眼光娘娘即眼光明目元君，子孙娘娘即子孙保生元君，耳光娘娘即耳光元君，瘢疹娘娘即瘢疹回生元君，千子娘娘即千子元君，引母娘娘即引母元君，乳母娘娘即乳母元君，百子娘娘即百子元君。此外还有王三奶奶、南海大士、曹公、马公、报事童子和马夫。在大殿后楼上供泰山娘娘、散行瘟疹童子、随胎送生变化、逐姓催生郎君、兼管乳食宫官、救急施药仙官、散行天花仙女、送浆哥哥、挠司大人以及白老太太。天后宫中大殿配殿所供之神有一百余位"。此处简直成为众神的大聚会。

有的会馆则前祀天妃，后祀关帝，也有的会馆既祀关帝，又祀乡土众神，同样显示出多神崇拜的倾向。上海潮惠会馆"前祀天妃，后之堂为楼，以祀关帝，其左右祀财星，双忠"。苏州的潮州会馆"敬祀灵佑关圣帝君、天后圣母、观音大士，已复买东西房屋，别祀昌黎韩夫子"。上海的豫章会馆"正殿供许圣真君，旁殿供奉五路财神，厅楼供奉文昌帝君诸神像"。上海的商船会馆，于乾隆二十九年（1764）"重加修葺，添造南北两厅，把福山太尉诸大神于北厅，祀成山骠骑将军于南厅"。佛山的天后宫福建会馆"中奉天后元君暨地藏仁师、龙母夫人，上祀文武二帝，旁祀惠福夫人"。在重庆的诸所会馆亦奉祀纷杂。广东会馆在"六祖"的神殿内，左龛附祀"敕封紫云台上镇江王爷"，右龛附祀"福禄财神"。湖广会馆初建时在禹殿的西厢便附祀着财神和关帝，后来又附祀"文昌"，建奎阁。湖广的咸邑会馆，中龛祖朱公，附祀财神。云贵会馆既在正殿崇祀"忠烈福主"、"福禄财神"、"关圣大帝"和"镇江王爷"，又"为祠左右，用镶于乡贤，云南自汉唐以迄国朝商贾十有其三，而昆明钱南园先生位其祀；贵州自汉唐迄国朝为贤十有其四，而遵义郑子尹先生位其祀"。在北京的邵武会馆则设置多块木主，实成为乡土贤能与会馆创建人的纪念馆。其中有宋风雅宗匠沧浪严公讳羽老先生神座、宋理学名儒果斋李公讳方子老先生神位，以及宋理学名儒德言刘公讳刚中先生神位、国朝（指清朝）修辟本馆请先生神位、明始创建本馆诸先生神位、建馆以来凡有在馆中物故诸先生之位、在馆已故无祀诸公神位，以及本郡在京已故诸公之神位。龙岩会馆"馆内有一精致之大神龛，内祀历代乡先达神位，暨关圣帝君神位、文昌帝君神位、城隍尊神位及创馆段潭波先生神位"。神位、木主的设置反映了会馆的神灵崇拜具有较强的道德导向性。邵武会馆祀乡贤是为了"使后之览者知先辈之礼让，足为后起诸贤法"。佛山《重修天后列圣碑》亦认为祀神灵"凡所为护国家、庇民人、扶名教、植纲常、利后嗣者，胥于乎在"。重庆的福建会馆正殿神龛内有帝后衣冠的林妃偶像，前祀有"当今皇帝万岁万万岁"的木主。这鲜明地反映了会馆对封建政府的极端依附性。

湖广会馆崇祀大禹

对于会馆的神灵崇拜，仅仅斥之为迷信肯定是有失偏颇的，它至少包含了如下的文化内涵。

其一，明清会馆神灵崇拜经历了从单一神（多为乡土神）到以乡土神为主的众神兼祀的发展演变。会馆最初多为仅设一神，有的是一邑之神，如湖北麻城的帝主；有的是一省之神，如江西许真君；有的则是两省以上乃至全国的通祀之神，如关圣、林妃、大禹等。会馆祀神随着时间推移越往后越纷杂，不同神灵同处一庙，这表明众多神灵内在精神有其共通性，也说明会馆在不断发展过程中从互异走向一致，因而必然走向融合。当然，正像民间的多神崇拜一样，会馆的多神并存亦包含了浓厚的实用性和功利性，附会现象甚多。正如"后世求福情胜，不核祀典，往往创为臆说，曰某事某神司之，某业某神主之。支离附会，其可笑如老君之为炉神，何可殚述"。会馆神灵的兼容有时并不意在消融个性，特别是在作为政治中心的京师或省城，会馆神灵的设置更偏重于对乡贤的炫耀，从而使会馆成为地域观念发展和强化的基地，如北京的福建邵武会馆、漳州会馆、泉州会馆等。而在工商业城市与市镇，神灵的兼容则又包含了同乡人追求目标的多样性，显示出极强的实用功利色彩，如重庆诸多会馆都力图在政治、经济、文化等方面开辟自己的发展道路。

其二，明清会馆神灵的设置较多地反映了封建统治者的政治要求。奉祀的神灵皆为传统美德的化身，因而能发挥教化人民的作用。设置者们认为："人无论智愚，未有对明神而敢肆厥志者，爰鸠资为祠以宅神，别构楹为之宴所，岁时赛祀，集同人其中，秩秩然，老者拱，少者伛，以飨以饮，肃肃然、雍雍然，自是善过相规劝，患难疾病相扶持。"对于处于流动中的客籍人来说，会馆神灵实际上是一种有效的整合纽带，在明清社会变迁中，它在很大程度上保存了优秀的传统品德，如佛山参药会馆力图"祀祖师列圣以辑众心，昭忠信也"。"以神道设教"是过去封建政府弥补行政统治之不足的常用手段，到明清时期亦被引入会馆中，利用神灵以规范"尘世人之心，

使之震慑而罔敢越，故人心顺应，即以克享夫天心"，让人们
"体此意，而检其身，而慑其心，无敢慢，无敢渎，无作坏，
无作恶"，从而有效地维持了社会的稳定。清末冯桂芬说：
"大抵圣人之施教有常，而神与佛之施教不测，故愚民敬畏圣
人之心，每不如其敬畏神与佛，佛之教广大慈悲，神之教威灵
显赫，故愚民敬畏诸佛之心，每不如其敬畏诸神。""以神道
设教"，更贴近一般民众，也更能从心灵上感化民众，从而起
到稳定统治、巩固统治的作用。正由于此，明清政府也不惜大
修祀典，像禹在明洪武年间被敕按庙例塑免衮坐像，关圣在明
万历中被封为"协天护国忠义大帝"，顺治元年（1644）定制
以五月十三日特祭，顺治九年（1652）加封号为"忠义神武
关圣大帝"，雍正三年（1725）封三代以公爵，春秋仲月荐飨
与孔庙同。对林默娘的封赠更是登峰造极，在宋代即多达 14
次，元代达 5 次，明代有 4 次，至清代同治年间，林默娘被加
封成"护国庇民妙灵昭应宏仁普济福佑群生诚感咸孚显神赞顺
垂慈笃祐安澜利运泽覃海宇恬波宣惠导流衍庆端祥锡祉恩用德
溥卫漕保泰振武绥疆天后之帝"，封号共 64 字。神灵设置的合
法性得到确认，实际上标志着封建统治对处于流动状态中的人
们的管理的加强，也意味着流动状态下的人们虽一度脱离了封
建政府的管理，政府认可神灵崇拜即是接受其归队的一种表现。
仅以关羽崇拜为例，对于统治阶级而言，主要是通过宣扬忠义
精神来感化人们维护既成的社会制度，且关羽是"建大义于颓
朝，扶纲常于草昧"的人物，"盖以关帝植纲常，扶名教，立人伦
之极，故不唯不欲与名贤硕士其他神明等量齐观"；对商人而言，

关羽被推至福禄财神之位。苏州是商业兴盛之区，五方杂处，而各地的会馆都把关羽奉祀其中，以此可消除人们对商人"重利轻义"的固有印象，既可培育商人间的联盟与互助互信关系，又可祈求在不测的变故与风险中立于不败之地。对于移民而言，设会馆奉祀关羽，既包含了祈求除灾祛病、伸张正义等要求，同时也成为他们在当地取得一块立足之地的切证与本乡籍群体的精神纽带。会馆神灵崇拜是会馆得以实现社会整合的精神中枢。

其三，明清会馆神灵的设置中，各行业的保护神亦受到重视，如木石匠业祀鲁班、缝衣业祀轩辕、茶业祀陆羽、药业祀"药王"、厨工祀伊尹、铁匠祀老朋、酒业祀杜康等。窦季良先生把这视为神的职业化，但无论如何，这种神灵崇拜成为一面旗帜、一种约束，在吸引同籍的同行商人、激励人们向外发展、以集体力量共同开辟发展道路方面都发挥了积极作用。正像北京《重建药行会馆碑记》中所说："古帝神农氏，史言其尝百草以作医药，著《灵素本草》之书以疗疾病，所以济稼穑之功而扶民生者，其教历亿万祀而无穷也。京师商贾云集，贸易药材者亦水陆舟车，辐辏而至。奈人杂五方，莫相统摄，欲使之萃涣合离，非立会馆不为功。"由此可知，会馆神灵崇拜对行业的健康发展亦产生了积极作用。

其四，明清会馆崇祀的神灵事实上并不为会馆所专有，众神在会馆之外亦为人们所崇祀。山东德县的"天后宫……清道光间本邑驻防旗人武状元昌伊苏自台湾总镇任旋里后建"；在湖南长沙，"凡元旦、冬至、万寿三大节，文武各官皆朝服，五鼓诣万寿宫，行庆贺礼"；湖北罗田也把"万寿宫……

（当作）邑朝贺处"；在江西义宁州，"天后宫……皆本邑各部
人士所建，非闽籍客民所建"。这表明地方乡土神也可能被输
出或输入，山东德县的天后宫由任官于台湾而归籍的乡人输
入，湖南长沙的官员则自觉到万寿宫行礼，是仰慕许真君为民
做好事的精神，江西义宁州的天后宫是江西本籍人崇奉天后的
结果。可见，会馆神灵可能影响地方神灵的设置，神灵的互渗
现象实际上也是文化的传播和文化交流的必然结果。

妈祖神像

在绘制于清代光绪十五年（1889）的《洪江街市全境图》上，宫庙遍布，有洞天宫、卤庆宫、药王宫、灶王宫、九华宫、神农宫、蔡伦宫、妖宫、宣化宫、女元宫、文昌宫、高坡宫、三义宫、鲁班宫、乾元宫、太清宫、翼宿宫、三清宫、宝鼎宫、赤保宫、轩辕宫、炎皇宫、北辰宫、南岳宫、飞山宫、洞庭宫等。其中属于行业会馆的有：粮食业的炎皇宫、药材业的药王宫、屠宰业的三义宫、木作业的鲁班宫等。

作为同乡性质的江西会馆、黄州会馆、徽州会馆、贵州会馆等祭祀乡土神灵，如江西人祭祀许真君（万寿宫）、福建人祭祀天后（妈祖）、宝庆人祭祀太平真君（太平宫）、湘西七属祭祀杨令公（飞天宫）等。

江西南昌万寿宫

会馆成为文化交流的平台，在洪江也有充分的体现。这里的踩高跷活动，时常将江西人崇拜的许真君、福建人崇拜的天

妈祖祭祀场所

后（妈祖）、江浙五府崇拜的关帝、贵州人崇拜的张端等形象融入其中。

3 会馆内多元文化的交融

首先，会馆促进了不同地域间文化的交流。会馆最初是原籍文化的集中体现物，有的建筑材料和建筑风格都因袭故土。在会馆内部，操乡音、叙乡情、演乡戏、食乡味、依乡俗、过乡节，按家乡的习惯制订规范，按家乡的习惯实施义举……会馆几乎成了移民乡井。在京师、工商都会以及移民集中的区域，这类移民乡井或疏或密地分布着，实际上就是建立起了不同区域的文化据点。保存自我的目的并不是封闭自我，它们势必要寻求发展自我的道路，必然要展开与别的文化据点的联系，文化的交流与融合势在必行。如在上海，"至于方言，此乡与彼乡异，浦东与浦西异，或杂以英语，或代以反切，细言之不致几百种"。这些语言"大致分为数项，第一广东话，第二宁波话，第三苏州话，第四北方话，第五始及上海本地话。除城南城西一带尚有完全土著外，其余一变再变，所谓上海白话，均宁波苏州混合之语言，而非通商以前之旧"。多种语言在上海混用、杂交、互借，实际上正是不同文化背景的人们在上海相互沟通相互融合的结果。又如饮食，这里汇聚了粤菜、徽菜、京菜、扬菜、川菜、本地菜各种风味和流派，这些流派在注重保持自己特色的基础上，又相互学习，创造出一些新的菜式，形成独具特色的"海派风味"。再看娱乐生活，不仅各地区剧种并存，而且中西艺术形式混存，有中国传统的京剧、花鼓戏、黄梅调，亦有西洋的歌剧、交响乐。在建筑形式上，各地会馆既汇集了中国各地的建筑风格，又有西式的哥特式尖顶、塔式等建筑，彼此争奇斗艳，互相映照，从而使近代上海成为一个文化的大熔炉。例如在重庆，各地移民会馆的相互交流导致了彼此大规模的融合，八省会馆达成一致行动，保证了重庆地方社会的有序管理，重庆在近代的发展中能够保持开放的姿态与移民会馆促成的重庆人的开放性格密切相关。

其次，会馆作为客居同籍人的社会组织，它容纳了不同的社会阶层，有官僚士绅、应试举子，也有工农、商贾，这种具有等级特征的结构形式不仅保持了其自身较强的稳定性，同时也为士绅文化与庶民文化的交流与融合创造了一个良好的基地。在明清时期，士绅文化曾通过家族组织、庙祀、戏剧小说等渠道传播到广大庶民之中，会馆在这方面兼擅其长。它通过官绅商贾的自致与非自致的捐助来体现、发扬着士绅文化中的信义精神，通过神灵崇拜来传达士绅文化中的忠、孝、节、义观念，通过戏台演出传统剧使人们在娱乐中接受士绅文化的教化。《汉口竹枝词》说："岳神诞日进香来，人海人山挤不开。名是敬神终为戏，逢人啧啧赞徽台。"徽台成为戏台的泛称，观看演出的可以是同乡、异乡人，也可以是当地的土著。为了吸引更多的观众，"各帮台戏早标红，探戏闲人信息通。路上更逢烟桌子，但随他去不愁空"。同时，士绅阶层在纯朴的乡风乡情氛围中，自身也受到了传统庶民文化中淳厚风气的熏染，会馆成为他们实行自律的一个基地。许多官绅商贾把对会馆的捐助视为荣耀之举，这不能不说是文化熏染的必然结果。

再者，会馆还在明清时期城乡文化的交流与融合方面发挥了作用。安徽亳县花戏楼建于康熙十五年（1676），徐州山西会馆戏台也建于康熙年间，苏州潮州会馆戏台建于康熙四十七年（1708），这些都可算是早期的会馆戏台。会馆戏台建设较多的时期是乾隆年间。例如，四川省自贡市自流井西秦会馆戏台、湖北襄阳县牛首镇江西会馆戏楼、湖北谷城县江西会馆万寿宫戏楼、苏州全晋会馆戏台、六安泾川会馆戏台等都在这一时期建立，到了嘉庆年间，行业性的会馆戏台逐渐出现，如上海、北京的药行会馆戏台。刘徐州《趣谈中国戏楼》提及，单就安徽亳州而言，新中国成立之前尚存会馆和公所有 30 余处，皆由全国十多个省的皮毛、糖、纸、药材等行业的商人所建，建筑规模大于清代，有殿堂、戏楼、客房，其中最有名的即是山陕商人所建的"花戏楼"。光绪年间的会馆受西风影响，集中于港口城市，如烟台的福建会馆、青岛的三江会馆等。

会馆本是城市中同乡官宦复制乡井氛围的一种社会组织，它最初纯粹是为了寄托乡思，但其后又服务于商人及应试学子，商人会馆又更多地出现于工商业城市。会馆迅速成为寓外同籍人的社会组织，很快在有移民的工商城镇遍地开花，于是，会馆这种曾被认为是行会的组织不仅存在于城市，也存在于圩市、场镇乃至村庄，连寄籍的农民也依恃会馆与地主展开抗租斗争，这不能不说是乡村之模仿城市的典型事例。傅衣凌先生还曾举过一个例子，即新中国成立前福州市郊区后屿有一种名为"牛福"的耕牛行业组合，后屿的耕牛拥有者于每年正月末二月初以牛神生日为题，聚集宴会一次，商议本年牛工工资、分配牛力、防止外村耕牛拥有者来村等事项。于是尽管前屿牛工工资低，后屿牛工工资高，而后屿人却不敢请前屿牛工，前屿牛工亦不敢越界而耕。因此，傅先生说"会馆便不那么单纯只是代表工商业者的利益，而更多的是代表着地缘乡缘的联系"。显然，这是会馆最初阶段实行自我保护的体现。由此可见，会馆这种组织形式可以移植到乡村，显示出了中国城市与乡村的互相纠合与一体化。施坚雅先生曾说："同乡关系使中国的城市与农村的关系一直颇为密切地联系着，官僚、衙门、科举、商业（包括市场信息的传递、货物的发送、金钱的贷款以及经济特产）都把同乡关系作为主要的联系纽带。"在长途贩运中，"风险正由于同乡关系而被限制在最低限度"。以同乡关系为纽带的会馆便利地实现了城乡文化的交流与互渗。

4　会馆的文化传承与更新

文化的发展进步必然包括文化的继承与文化的更新两个方面，明清时期的会馆文化正好包含了文化的传承与文化的更新这双重文化取向。

文化传承

在明清时期相对激烈的社会变迁中，传统的四民规制、传统的道德规范都会因人员的流动与阶层的模糊而失去效用。在市场经济的背景下，传统伦理又较易于被人们所舍弃，彼此为了谋利，可以肆意妄为。因此，许多会馆把"崇乡谊，敦信义"作为建馆的最初宗旨，在流寓同乡人中建造一个有乡土氛围的环境，通过定期或不定期的集合，便彼此互相监督，互相劝励，从而在继承优秀传统方面有所作为。他们认为"国朝大一统，建首善，自京师者始。士大夫崇敬乡之谊，于是有府州县各建之馆"。建设会馆固然受到地域政治观念的影响，但建馆者中亦多有人倡议"不徒以科第仕宦为荣，而以敦厚仁恕为尚……乐故乐诸君子之奋于义而更为宣其意"。史实表明，在明清大一统的王朝统治下，各地士大夫都有荟萃于京师者，激发他们的乡谊之情是京师的各府、州、县会馆建立的最初契机。全闽会馆供奉关帝、文昌帝，因"关圣倾心汉室，奉醴牲者,所以教忠","文昌累叶士夫,敬馨香者,所以劝善","教忠"与"劝善"被放到重要地位。山阴会稽两邑会馆强调设置会馆"是不徒夸科目之盛,竞闾里之荣,特虑就试之士离群废学,有以聚而振之也"。会馆设置的义举活动能使客居异地者心有寄托,像福州会馆"一盂麦饭,故乡之情谊犹敦;满目蓬蒿,孤客之泪犹湿"。官绅们投资于兴建会馆包含了其传承传统文化的强烈愿望。北京的浙江绍兴会馆也强调"诸君子能以古道率邑人,而首善之地有此群萃之区,得以示乡方而兴道义,联声气而宏切磋,所赖不独在乡国也"。东元宁会馆亦追求"型仁讲让,共知王道之易"。由此,有的会馆竭力营造本乡土的人文传统,有的会馆则强调彼此应相互勉励,其目的都是要使会馆成为流寓客籍的乡邦之人发扬乡土优势和尊崇古道的必需之所。

在工商都会,无论是官商共建的会馆,抑或商人独建的会馆,亦都把"敦乡谊,崇信义"放在首位,并提出了"脱近市之习,敦本里之淳"的口号,以此"通情愫,达音问,疾厄相扶,有无相资,为义甚大"。在佛山的会馆把"劝诱德业,纠绳愆过,所以风励流俗,维持世教"作为自己的宗旨,体现了对传统社会秩序的认同与维护。商人们"虽阛阓中人亦蠲除鄙吝,彬彬然有士君子风"。彼此共处会馆,多能体验到"肃肃然,雍雍然,自是善过相规劝,患难疾病相维持,生者安矣"。会馆还为死者设义冢,使寓外之人死有所归。由此,我们觉得,这种商人建立的会馆与西欧的行会已相去甚远,它更像是同乡、同行间的互助组织,有浓郁的"讲信修睦"氛围。

会馆的设置者们把发扬传统美德看作是求得商业发展的先决条件。以会馆作为"祀神祈报"的场所并不是建馆的唯一目的，而"敦乡情，崇信行"却是建馆者们的深层心理追求。会馆把对传统美德的倡导建立在"盛世德化"的基础上，显示了会馆对"盛世德化"的景从。

会馆的初建者把对传统美德的继承放在首位，而会馆的后继者们亦多受熏染，且信之弥坚。有的人提出"以光前人之志，禧后人好善向义之端"；有的人则提出"是以继续先贤遗志，兢兢业业，励精图治，而树后人之模型"。所有这些都说明会馆在优良文化的传承方面做出了努力，其中亦包含了对明清社会风气趋向浮靡的一种反拨、一种矫正，亦弥补了封建政府在这方面的管理空隙。

会馆的建设在某种程度上是同乡籍人事业成功和弘扬道义的象征，于是捐助会馆往往被载入地方志的义行之中。陕西三原李延佐"救荒歉、完逋租、恤孤寡、立义学、修桥梁、施棺木、修京师及省城会馆、尊礼贤士，不可胜纪"。渭南贺士英"里中子弟因贫废读，为立义学，延师教之……创修省城渭南会馆，计屋一百四十间，置备器具共费三万五千金；补葺京师会馆，捐银若干，以惠士子"。由此可知，捐助能倡导一种向善好义的社会风气，保持优良传统品德的延续。

文化更新

会馆文化的追求更新主要体现在对近代社会变迁的适应

上，即如同治《汀州会馆志》所云："时势不同，礼以义起，岂无当变通之处，第以其议自前贤，则亦仍之而已。且数十年来，同乡之至京师入会馆者凛遵前例者，亦有罔顾前规者。苟不自爱，望其规，规守之得乎？第士君子学古入官，行将出身加民为世表率，讵甘偭越以干物议。"士绅性会馆力图以适应时势变化的规条的严格执行为会馆的发展演变起到表率与仪范的作用。下面对此进行具体梳理。

首先，许多会馆由官绅管理、商人出资的经营体制本身即意味着对传统四民观念的更新。在工商城市，商人设立的会馆不少为工商业者服务，对社会的发展进步有积极作用。《泉漳会馆兴修碑记》阐述建馆设保护神的目的在于"吾邑人旅寄异地，而居市贸易，帆海生涯，皆仰照天后尊神显庇，俾使时时往来利益，舟顺而人安也"。对神灵的笃信也使他们更坚定地开拓商业道路，为加强地区经济文化交流发挥着积极作用。在会馆向公所的转变过程中，其规条中越来越多地增加了发展商业、手工业的具体条款，对同业招收学徒、新立牌号、外来开作投行、伙友工价、产品质量和价格都做了一些具体的规定，从而适应了中国近代经济的发展。会馆由乡土化走向行业化，反映了人们对地域观念中不合理成分的摒弃，更加注重行业精神的凝聚与发扬，这克服了过去行业之间的地域壁垒和地域垄断，对行业的成长与发展是很有利的。

其次，明清时期"义利相得"是全社会较为风行的新的价值观，会馆是这种价值观发生和滋长的一个渊薮。北京《创建黄皮胡同仙城会馆》有如下记载。

　　李子曰：由利。乡人同为利，而利不相闻，利不相谋，利不相一，则何利？故会之。会之则一其利，以谋利也，以是谓由利也。

　　马子曰：由义。乡人同为利，而至利不相闻，利不相谋，利不相一，则何义？故会之。会之则一其利，以讲义也，以是谓有义也。

　　夫以父母之赀，远逐万里，而能一其利以操利，是善谋利也。以为利，子知之，吾取焉。抑以乡里之俦，相逐万里，而能一其利以同利，是善笃义也。以为义，子知之，吾重取焉。然而利与义尝相反，而义与利尝相倚者也。人知利之为利，而不知义之为利；人知利其利，而不知利自有义，而义未尝不利。非斯馆也，为利者方人自争后先，物自征贵贱，而彼幸以为赢，此无所救其绌，而市人因得以行其高下刁难之巧，而牙侩因得以肆其侵凌吞蚀之私，则人人之所谓利，非即人人之不利也耶？亦终于忘桑梓之义而已矣。唯有斯馆，则先一其利则利同，利同则义洽，义洽然后市人之抑塞吾利者去，牙侩之侵剥吾利者除，是以是为利而利得也，以是为义而义得也，夫是之谓以义为利而更无不利也。

　　新的义利观的树立冲破了过去"君子罕言利"的窠臼，提出以利为义、以义为利的新思维，这对经济发展与道德的完善都颇有裨益。

　　再者，会馆对政治事务的干预、对社会管理事务的承担都反映了其为不断适应形势所进行的自我更新。前者如福建会馆曾涉足省长的选举以及赈济事宜，后者如重庆八省会馆对重庆整个地方事务的管理。还有，京师一些本来服务于科举的会馆在科举制度废除后也能适应形势发挥新功能。如京师闽中会馆设置了京师闽学堂，其后又有春明女子中学以及宣南法政专门学校，在教学内容上也设有外语、法律、代数、物理、化学、生物、生理、外国历史、西洋音乐、百科知识等，并聘请海外留学人员入校任教。

文化继承与文化更新是会馆存在与发展的基础与动力，而会馆的存在与发展是在封建体制的缝隙中不断地开辟自己的发展道路的。因此，与其把会馆看成是对明清社会政治、经济、文化发展相适应的产物，不如说它也是一种创造。会馆始终自觉地奉行积极进取的宗旨，从而在中国传统社会的变迁中既保存了传统，又推进着社会变迁，在中国社会的近代化过程中是功不可没的，在当今的海外华人社会中仍继续发挥着积极的作用。

文化的进步必须依赖于文化的交流与融合，而文化的交流融合又必须在异质文化相互接触的基础上才能进行。明清时期的会馆在促进文化交流与文化融合方面发挥了其他许多基层社会组织所不具备的功能，由此，我们说会馆的意义就不仅仅局限于行业协会的范畴。

十　官民相得：会馆领传统
社会管理之精髓

　　我们说会馆是最具有中国本土文化色彩的社会组织，是因为它一直体现着官民共同参与社会管理的传统，在会馆文化里，官民相得是基本的旋律。

1　明清时期政府对社会的管理

　　明清政府一直没有放弃对工商业者的管理，在工商业集中之区实行编审行户的制度。起初一般是 10 年编审一次，嘉靖四十年（1561）改为 5 年编审一次。"令应天府各色商人清审编替，五年一次，立为定例。"

　　这以后官府更加注重对市场的管理和规范，制定了相关的政策法规，如"大小衙门公私所须货物，务照市价公平交易，不得充用牙行、纵役私取，即有差办，必须秉公提取，无许借端需索"。政府制定的这些保护商人的措施往往得不到执行，各级地方总是反复出现违反这些规定的现象。胥吏们或利用同行祭神的时机"乘机滋扰，任意借用"，如果得不到满足，他们就会设法设置障碍，或让商人办理手续的时间延长，或使商人遭到克扣，商人单个人的力量往往无法进行反抗。同行的联合组织有时会主动与官府联络，主动承担合理的负担，防止意外的苛索。于是这时的"行"较之过去便发生了某些性质上的变化，先前是官府管理市场的产物，到这时已变成驻地相同的商人共同应付官差需要而自发产生的联合。这种联合往往凭借同乡的纽带而建立，也较为强固。于是它既可以是商人的同业组织，也可以是联络乡谊、彼此互助且能壮大自己力量的场所。正因为如此，商人往往与官员相互结合，从而谋求在驻地的生存空间。

当商人们的利益和财产受到牙行盘剥的时候，他们可以依法向当地官府对相关牙行提出诉讼，请求返还货物或款项。对于一些特许行业来说，行户之间相互担保既可以保证交易按照共同约定的行业规范运行，减少国家行政管理费用，又可以保障国家税费收入源源不断。如典当、钱庄、食盐等行业，均属于特许经营性质。实际运行中，有时还会出现官府势要的亲属、衙门胥役等把持牙行的情况，此时亏短官项的情况更难以被查处。这些表明违规经营牙行、把持牙行的现象广泛存在。法律虽然规定要严厉打击，但法不责众，许多碑刻表明当时普遍存在牙行苛待客商的情况，虽然官府有打击此类行为的案例，但离彻底清除还相距甚远。

明朝政府曾经制定了一系列防范奸牙的措施，譬如严禁私牙，公牙牙人必须是拥有一定财产、为人公平谨慎者，牙商必须具有良好的职业道德，牙商的不法行为将遭到严厉的惩处。然而，事实上不法牙商是铲除不尽的，需要商人们自己注意辨别，时时刻刻绷紧一根弦。商书中告诫商人们要注意了解牙人的底细。牙行、埠头本来是为船户提供保障的，官府也竭力使其运行规范，表明经官方确认注册的船行具有更好的运载安全保障。

2　民间社会参与社会管理的必要性

能真正把这些规定落到实处的官府实在是很难找到，江苏省在一定程度上注重了制度建设，因而也在一定程度上建立了相对良好的商业环境。客观地说，这种局面往往较难维持，商人利益受到侵害的现象还是屡有出现。这便要求商人团结起来，形成抵制这种侵害的自我机制。

在较为繁荣的乡间集镇，一些地区为维护市场上公平交易秩序，还制订了乡规民约来进行管理。

商业活动本身就是社会正常发展的一部分，必须予以一定的管理，无论是来自官府，还是来自民间，适当的管理都是保障商业活动正常进行的机制。

会馆是明清时期异乡人在客地建立的同籍人的一种社会组织，它不同于一般官方的公馆或宾馆，它是私立的，属于民间的自发性组织，故在"正史"中无人论及，即使是明清地方志也都多有缺略。民国时期的《上海县续志》说："会馆公所前志从略。因思贸易于斯，侨居于斯，或联同业之情，或叙同乡之谊，其集合团体之行为，与社会甚有关系，似未可阙而不书。至于或称会馆，或称公所，名虽异而义则不甚相悬，故不强为区分。"该志的编纂者正是看到了会馆的社会整合作用，才执意要将其列入地方志之中。在四川、湖南、江西、东北、新疆等地的地方志中经常也有会馆的记载，虽语焉不详，但其社会整合功能却显而易见。

会馆作为民间自发性组织，能够有效地执行社会整合功能是由会馆本身与封建政府两方面的因素决定的。从会馆本身而言，会馆的设置者们多把建立有序的社会环境作为自己的追求，他们竭力创造这样的环境：既为自己的经济、政治活动提供良好条件，同时也切合政府对社会稳定的要求。因而，会馆的自发设立既有内驱力，又有合法性。从封建政府看，传统的封建管理体制仅适用于管辖安土重迁、户籍严明和士、农、工、商各安其业的社会格局，行政体制仅设至县，县以下的基层社会则通过乡党乡族等势力来执行管理功能，因为堪称"熟人社会"，故这种管理一般还能收效。可是，士、农、工、商的阶层界限不仅多有变化且显得模糊的明清社会却使固有的社会管理体制出现危机，而社会流动的经常化又迫使封建政府不得不绞尽脑汁来思考管理社会的新途径。

此时，地域性会馆成为对流寓人员实行有效管理的最佳社会组织。面对经常性的社会成员的阶层流动与区域流动，传统的户籍制度已无法胜任其管理户籍的职能，流动人员无法在户籍中准确地得到体现；而在不同区域的不同时期，同籍人的流动情况也各不相同，唯有地域性的会馆才能有效把握其变化。建立会馆的乡土范围又可以根据实际情况或伸或缩，有的以两省为单位，有的则小到以一镇一乡为单位，这正如窦季良先生所说，乡土从来就没有一个绝对的界线。

3　官民相得是社会管理的理想模式

当政府看到会馆这一自发性社会组织刚好能执行管理功能时，它又不便于像支持家族制度那样大张旗鼓地宣扬鼓励，因为人口流动虽为封建统治所需求，但又在侵蚀封建统治的基础。在清初的广东、湖南等地，许多鼓励移民的优惠政策竟引起移民移出地的土地抛荒现象，这简直是对当地农业的摧残，而且，移民群的混杂又可能在新移民聚集地形成一支反政府的力量，这些都是封建统治者稍一思及便会毛骨悚然的问题。明中叶，在闽浙赣边界与湖北郧阳山区及陕西巴山老林地区的移民都曾掀起过反抗官府的巨浪，统治者们对移民颇为忌惮。然而，这流动着的人口又必须有所约束，有所统属。在京师、工商都会、移民区域，会馆这种既谋求自我发展又谋求自我约束的社会组织，确实做了政府本意想为而又力所不及的事情。鉴于这一情况，政府与会馆的关系实际上经历了一个从观望到默认、再到支持和保护的发展过程。这其中既包含了会馆与封建政府的日渐接近，同时也包含了封建政府对会馆这一社会组织的接受，实际上体现了二者的相互调适。

由于会馆最初就是由官绅建立的，这便大体奠定了其后会馆的基调，官绅阶层在各类会馆中便程度不同地存在着。他们深受儒家"修身、齐家、治国、平天下"理念的熏染，多力图规范或引导会馆的发展方向。北京的广德州会馆是由康熙间一位担任御史的同乡所捐助而建立的，台湾鹿港金门会馆是由进士郑用锡当董事，台南潮汕会馆是由知县杨允望、游击林梦熊等倡建。安徽芜湖的江西会馆也于同治十年（1871）由安徽巡抚吴坤修捐，其购置的住宅复经旅芜赣人集资改造，后成为为全省旅芜士商集会之地。在苏州，陕西商人颇有势力，但陕西会馆却迟至乾隆二十六年（1761）才由当时的苏州知府赵学山、苏州府同知陈如飞、吴县知县王式之3位陕西同乡官员倡导建立。同时，有些地方的商人势力很大，却未见建立会馆。这表明，官绅的介入经常成为会馆建立或得以保持的重要条件。

商人们把会馆规约交官府备案认可，便具有了与国家法律同等的效力，在处理行业内部纠纷方面发挥着积极作用，在实施社会控制方面，具有较高的效率，对某些社会关系的调整比国家行政组织及国家法律更为有效。

在移民区域，这种追求亦很明显，譬如民国《江安县志》中说："江安自宋元以来夷汉杂处，神道设教，相沿既久，习俗辄以寺观代易地名，琳宫梵刹，金碧灿烂，触处皆是，诗书礼乐所不能感者，悚以罪福之说而有余，此士大夫所以乐为助成，以辅王化之不逮，非仅供雅聚备游观已也。"这里的会馆同样反映了士大夫们管理社会的追求，会馆成为移民区域"以神道设教"的有效基地。

人们把会馆的建设、商业的发展都看作是封建王朝兴盛的标志，这些会馆都竭力使自己的目标与封建政府统治的目标相吻合，会馆的高屋华构、庄严敬肃，意味着基层自我管理体系的建成。对此，封建政府是颇有嘉许的，以致乾隆十六年（1761）皇帝南巡途经上塘时，"天颜温霁，赏赐彩缎二十匹"。这无疑成为会馆继续发展的推进器，它们"感沐鸿恩异数，舆情鼓舞，式廓日增。吾郡七邑，首海阳，次澄海、次潮阳、次饶平、次惠来、次普宁、次揭阳，议定规条，将历置房产设立册簿，所有现带租银，征收以供祭扫，余充修葺，诸款动用，并襄义举。延请董事经理，三年一更，七邑轮举。一应存馆契券，递交董事收执。先后更替，照簿点交，永为定例。所以敦请董事，必择才具贤能、心术公正之人，综理巨口，其责郑重。我郡同人，互相勉励，善保始终，尤会馆之第一要务也"。用"才具贤能、心术公正之人"以达到"善保始终"的目的，实际上包含了会馆的维持发展即是对封建政府的效忠这一层意义。果然，皇帝不久第二次驾临该馆，人们"敬设歌台灯彩，众商踊跃相将，输诚欢庆。伏念帝泽覃敷，海氛永息。风帆顺利，渤澥安澜。凡我潮之懋迁于吴下者，日新月盛，可不谓遭逢之幸欤？夫立基期于永赖，创业贵乎守成。继自今治守前规，勉思善后，于贸易往来之地，敦里党洽比之情；当丰亨豫顺之时，务揝节爱养之道。公平处事，则大小咸宜；忠信相孚，则物我各得。一切仰体圣天子优恤商民之至意，垂诸永久。式睹神歆其祀，锡福延禧，众协一心，千秋弗替"。对于社会的变迁与发展，会馆采取了顺应的对策，在发展中保持规范，在发展中寻求平稳，它力求协调好各方面的利益，以保证建立起良好的经济秩序，以秩序的安定来保证经济向前发展。

同治时潮州《汀龙会馆志·馆志序》中说：

> 或曰会馆非古制也，而王律不之禁者何耶？予曰：圣人治天下，使民兴于善而已。会馆之设，有四善焉：以联乡谊明有亲也，以崇神祀明有敬也，往来有主以明礼也，期会有时以明信也。使天下人相亲相敬而持之礼信，天下可大治，如之何其禁耳？

"亲""敬""礼""信"等规范的建立实际上奠定了封建统治长期维持的基础，因而统治者不但不禁止，反而对其有所依恃。延至近代，在上海的宁波会馆、徽州会馆与重庆的八省会馆则更是与封建官府一道，共同参与地方社会事务的管理，体现了会馆与封建官府的相互依存关系。应该说，封建政府默认会馆组织的发展以及会馆对社会事务的管理，本身已意味着封建政府已做出了对社会形势变迁的新适应。有人说，雍正；乾隆时期，中国社会体制的诸多变革日渐适应中国社会的变迁，成为中国近代化的基础。笔者认为，会馆这种社会组织几乎成为中国社会从传统过渡到近代的中介和桥梁。

正因为会馆与封建政府与大致相同的目标、追求，封建政府也逐渐地竭力调解会馆的纠纷，维护会馆的利益。《明清苏州工商业碑刻集》中的"元长吴三县为元宁会馆赎回造屋给

示晓谕碑"（光绪五年，1879）、"吴县为盖印给发吴兴会馆公
产照契抄册给示晓谕碑"（光绪十八年，1892）、"吴兴会馆房
产新旧契照碑"（光绪二十五年，1899）等都表明了官府对会
馆财产的承认。

有的会馆纷纷向官府申请立案，更表明会馆在竭力谋求封
建官府的承认，同时希求得到官府的保护。要谋求承认，它的
宗旨就必须是合法的；要得到保护，则是希望以官府的政治强
力来压服那些企图侵害自己的势力。这正如"梅园公所"董
事所说："公议规条，捐资董办。唯虞私约无常，客居招侮，
业经具禀常宪，蒙批准勒石示禁遵守等谕。"人们想通过向官
府立案确立其规条的权威性，避免"私约无常"，同时又要谋
求发展，并避免"客居招侮"。

在申请立案的会馆中，封建政府一般都承认了各会馆规条
的合法性，并且因为会馆的规条多把"赈贫恤弱"等放在显
著的位置，所以政府经常自然而然地把会馆议定的"规条簿"
保存在官府的公文档案中。地方官员把会馆产业与家族义庄归
并办理，这表明二者发挥作用的领域虽不同，可是出发点是一
致的。

会馆作为客籍人的经济象征，有时会引起土著中的恶人的
觊觎，这也是驱使会馆申请立案的重要因素。这时，官府对会
馆的保护态度极为明确。另外，如《吴县为元宁会馆基地经
该馆董事收回改为江宁会馆无论何人不得阻挠准予立案碑》，
则表明民国时期会馆的合法性继续得到承认。

会馆作为一种民间社会组织，最初存在于封建行政体系之

宁波庆安会馆的圣旨石

外，但因为儒士商人化和商人儒士化而造就的庞大士绅队伍程度不同地干预了会馆的建设和发展，从而使会馆自发地演化为一种官方机构之外的补充机构。这种机构既为官方所不能为，又颇能补官方统治的不足，这实际上也弥补了中央集权政治的局限性。政治上的中央集权必须依靠众多的间接途径才能达到，这些间接途径构成了中国传统社会长期延续的基础，但这些间接途径（或称为"私"的系统）固有的两面性时常使传统社会的治与乱交替出现，显示出中央集权与地方分权之间的矛盾。

会馆作为一种民办社会组织，势必存在着自己小集体的利益。前已述及，有的会馆就是在抵御牙行的敲诈勒索的情况下成立的，它们或许包含对不法官吏的抵制，或许也包含了小集体对利益的追求。故有人认为，会馆始终处于与官府相互抗衡、相互调适的过程之中。会馆又是阶级矛盾、土客矛盾尖锐激化的产物。如在北京有学徒或手工业工人单独建立的会馆，史载："京师瓦木工人，多京东之深、蓟州人，其规约颇严。凡属工徒，皆有会馆，其总会曰九皇，九皇诞日，例得休假，名曰关工。"这种工人会馆成为维护工人利益、与工商业主和封建把头进行交涉的有效工具。在道光年间，南京丝织业机匠亦"拜盟结党，私设公所，竟有数十处之多"。苏州的踹匠会馆被取缔则是流寓踹匠与政府抗衡的极端例子。苏州踹匠原皆为离开土地的贫苦农民，所谓"苏城内外踹匠不下万余，均非土著，悉系外来"，"俱从江宁届县远来口工者甚多"。自康熙至乾隆时，苏州、松江两地的踹匠就创建踹匠会馆，提出"索添工银"。康熙三十七年（1698）又有踹匠刘如珍等"敛钱演戏开衅……千百踹匠景从，成群结队，抄打竟无虚心……或曰某日齐行……或曰某匠无业"。到五十四年（1715），又有王德等"煽惑踹匠，加价敛银，欲动普济院、育婴堂，结党创立会馆等情"。又譬如康熙五十二年（1713）九月，江西兴国"衣锦乡顽佃李鼎三煽惑闽广流寓，创田骨田皮许退不许批之说，统众数千赴县门，挟县官，要求勒石著为例，群奸一时得志，创为会馆，远近传关，每届有秋，先倡议八收七收有差，田主有执原额计租者，即号召多人，碎人屋宇，并所收租攫入会馆，罹其害者，案山积"。会馆由富贵者们维护社会秩序的有效工具演变为劳动者维护自己利益的组织，这是阶级矛盾趋向激化的表现，对于这些类型的会馆，封建政府则采取了严厉的取缔政策，使之无法发展成很大的势力。因此，明清会馆多把遵法守约作为自己的主旨。

由于一般的会馆多以同乡或同行为纽带，它就包容了社会上的多种阶层，这又使得会馆成了一种层级结构，它与政府的关系十分密切，成员分布广、数量多，且管理职能、经济职能以及为会馆成员切身利益服务的职能都十分突出。此外，会馆多贯彻自愿原则（有的也有强制性），成员上至中央官员，下至一般商民，形成了多种阶层并存、颇类似家族制度的结构形式。正是由于这些特征，会馆能或多或少地推动了本集团的正常发展，以与整个社会相契合，从而使基层社会不会因社会变迁的加剧而发生大的震荡。因此，它引起了政府的重视，政府采取了一系列扶助其发展的措施，给予更多的支持与关注，从而使会馆这一民间自设组织在谋求自身发展的同时，也为社会的稳步发展发挥了作用，所以会馆实际上成了明清政府与重要的新型社会成分建立互动关系的联结纽带和沟通的桥梁。

在中国传统社会中，离开乡土的人们或被客地的主人所排挤，或者还不习惯以个人的力量去开拓自己的发展道路，这时投靠同籍的官绅是明智的选择。为官者亦颇乐意予以扶助，他们可以用政治影响力来阻止他籍人的排挤，可以雄厚的经济力来扶植会馆的建设。反过来，官绅又可以用雄壮的会馆向世人（包括本乡人）炫耀实力，这样便构成了会馆与官绅相互联姻的现实基础。

官绅加入会馆显示了他们对会馆的厚爱，其在会馆中也影响至深。他们以"治国、平天下"的精神来管理会馆，从而规定了会馆的发展方向。中国封建社会一向是依靠名分的权力、凭借中央集权与基层的自治相辅而行来实现其统治的，会馆主要成为流动人员中的一种有效的社会整合工具，因而为政府所支持，这是大批官僚加入兴办会馆行列的政策原因。官僚的介入保证了会馆的封建性，而商人的投入则代表了明清社会的变迁趋向。会馆在中国传统社会的变迁中既保存了传统，又容纳了社会变迁，因而在保持社会的平稳转变中发挥着重要作用。

4 民国时期会馆管理中的官民相得

民国时期，会馆的民意代表角色给官府造成了巨大的压力，官府命警察厅监督会馆，切实保障其成员不致影响固有的社会秩序。会馆也纷纷申请立案，并向政府承诺：入馆居住者必须遵守政府法令，馆内的活动不得违背官府规定。在京师的警察厅那里，"凡在京城建有馆舍，用各省及各郡县名义为旅京同乡集会之所，均为会馆"。该厅于1915年4月15日颁布的16条《管理会馆规则》中还规定：会馆须由各地旅京同乡选举董事、副董事加以管理，如无确定之董事负完全责任者，由警察厅"径行管理或暂予封锁,俟举定董事后再行发还";住馆人员"有妨碍同寓安宁之举动及其他过当之行为者,应即劝止或禁止之"。它规定对6种人应禁止留宿并报告给警察局,即携带违禁品及枪支子弹者、行迹可疑者、违反禁令者、招致娼妓到馆住宿或侑酒弹唱者、患传染病者、审知为未发觉之匪人或犯罪之在逃者。1918年3月,该厅又对规则加以修订。鉴于以前规定董事任期一年过短,选举频繁,被选人往往借故不肯担任,各省馆也因地区利益不同,在人选上意见相左,以致选出的董事无法工作。为此,修订后的规则规定,董事的任期改为两年,得连选连任,董事名额也酌情增加。政府要掌握会馆管理者的身份情况及住宿者的身份情况,"凡公共建筑馆舍,仅为各地方旅京同乡集议,或工商团体会议之用者,应举有正当职业之管理人员,报明警察厅备案"。"住馆人员之迁移、异动、死亡等事,应由董事责成馆役(即长班)按照调查户口章程,随时报告该管警察署。"这表明会馆作为一种民间组织已被纳入官方的社会管理系统之中。会馆董事尽管并不能获得政府薪俸,却早已成为官府意志的执行者,俨如执役。他们必须承担起确保会馆安宁的责任。1930年3月26日,政府又对会馆的内涵作了新的规定,即"在本市区购建房舍为同乡集合、居住或工商团体会议"的为会馆,会馆的管理、规章的制订由各会馆公举董事或委员会负责,会馆有了更大的灵活性。

待卢沟桥事变后,北平很多机构南撤,不少会馆的董事已不能正常履行职责,以致发生有的会馆的馆产被盗卖的事件。

1939 年 11 月，裘家街颍州会馆的馆产被盗卖，伪北平市长余晋和及财政局、社会局、警察局三局的局长共同签署布告，加以制止。布告指出："各省府县馆系各省府县乡人之公产，不得私自买卖或典押。如系公意处分，亦须先行呈报，否则不准转移。" 1938 年 10 月 3 日，日伪北京新民会曾通令各会馆向社会局和警察局登记。1939 年 7 月 8 日，北京特别市公署关于修正管理会馆规则的训令又提道："据报，京市各省会馆同乡会管理废弛，时有不法情事，推原其故，大抵由于近十余年来，京市屡经事变，各省会馆所公举董事、委员不免因事离京，或虽有董事、委员而不恪尽其保管之责任，以致被人盗卖、侵占之事，不一而足，甚至甲省人士盗卖乙省会馆，若不亟申禁令，甚非所以保全各省公产之道也。"这些新情况的出现都促使官方不断采取措施修改旧章。1940 年 11 月 22 日，北京特别市公署又下达了《关于严禁盗卖会馆公产的布告》，规定："凡属会馆公产，不得私行买卖。如系公意处分，亦须先行呈报，否则不准转移。""查各省府县会馆，系各省府县乡人之公产，各会馆值年、馆长或董事，应负有保护管理之责，绝无典卖处分之权。乃近来发现会馆盗卖馆产，或私擅典押等案件已数见不鲜，殊属违背保管职责，除分令警察、财政、社会三局遵照注意取缔外，合亟布告严禁，凡属各会馆公产，不得私行买卖或典押，如系公意处分，亦须先行呈报，否则不准转移，倘敢故违，定予严究，法办不贷。"

1942 年 11 月 20 日，江朝宗发起组织"北京各省会馆调整处"，拟定章程 11 条，对会馆进行整理。该章程规定，会馆一年一度的团拜也要向警察局申请备案。例如，1942 年 3 月 16 日肇庆会馆《呈报警察局为本馆开团拜大会函》中就说："为呈报事。窃敝会馆向例每年新春召集同乡团拜茶会，以资联络乡情，并选举委员掌理会馆事务。兹拟于 3 月 29 日下午 3 时（新点）在敝会馆客厅举行。为此呈报贵局查照，谨呈北京警察局。"许多会馆制定馆规，表示与政府保持一致，发现下列人等都得报告警察局，即：妨害同居人之安宁，不服管理人之劝告者；言行可疑者；携带违禁物品者；吸售烟毒及其代用品者；招致娼妓或赌博者；患急性传染病者；发觉有其他犯罪行为者。1943 年 10 月 8 日，伪市警察局发下通告，颁布《北京各省会馆整理要纲》（以下简称《要纲》）14 条，《要纲》指出："本京各省会馆管理废弛，时有闲杂人等占据房舍，直同己有。""而各省旅京政学各界贫苦同乡反不能问津，喧宾夺主，莫此为甚，且将房屋租让，招人居住，殊背当时建馆本意。若不明订办法，亟为整理，甚非所以保全各省公产。""不得寄居或租借与外省外县之人"，住馆者以本籍在北京委任之公务员或清寒中学生为限。1944 年 9 月 14 日，伪市社会局拟定《北京各省会馆整理办法》（以下简称《办法》），经伪市政府批准下发，这个《办法》是在 1943 年 10 月《整理要纲》的基础上修改而成的。1948 年 3 月，《修正北平市会馆管理规则》中规定："各同乡会管理会馆，应遵守左列各款之规定：1. 凡各县联合组织之同乡会，不得由该会理事会管理各该县具有单独性之会馆，仍依应第二、第三、第四暨第六条第一款之规定，应由各该县旅居本市人士选举管理人；

2. 单独一县之同乡会，不得超越范围，管理各县联合购建之
会馆，含有省性者亦同；3. 省同乡会不得管理非全省性之单
独各会馆。"新中国成立后，扬州会馆的管理章程提到："住
馆同乡严禁私藏违禁物品，扰乱秩序，并不得私将房屋转让他
人居住，及容留馆外之人寄居。""馆房原为旅平同乡暂时济
急居住，每户住屋至多不得过二间，住期不得逾二年，以期利
益均沾。""本馆房屋因年久失修，为免除倒塌计，凡住馆同
乡，均应按月缴纳房屋修理费，其数目由理事会议决定之。"
"前项修理费得按同乡经济情形酌量减免之。""本馆经费，以
住馆同乡修理费、馆外房屋租金为经常费，由理事会量入为
出，造具年度预算及每月计算，其额数于年终报告同乡。"会
馆的经费管理日益制度化，会馆也日益进入政府的视野之内，
这与会馆的政治走向是相联系的，此前会馆遭遇政府的干预绝
没有这么多。

会馆作为一种民间社会组织，越来越引起各级政府的重
视，越来越成为政府加强管理的对象。民国以来社会形势的变
化，使会馆面临许多新的挑战。科举制度的废除、革命党与非
革命党的交锋经常都可能影响会馆，另外，社会上许多丑恶现
象亦可能寻求会馆之庇护，因此，政府正当的管理和干预就可
能使其在传统的积极意义上继续运行，否则，就可能会变成有
人担心的"藏污纳垢"之所，即"会馆林立，住馆之人流品
不齐"。会馆在运行过程中或者因为理事董事"任期短促，选
举频繁，被选之人往往借故不肯担任，即应选之董事，亦因任
期短促之故，对于馆务多传舍视之，不恪尽其管理之责。至

各省会馆，因分道之关系，财产上事实上各有特殊之情形，而董事名义只有一人，选举之时，往往发生窒碍，即或勉强举定董事，以各道属同乡不能一致，转苦难于整理，有此两条原因，各该会馆馆务即不免因之废弛。"这是官方对会馆运行过程中可能出现问题的描述，而这却是过去政府力所不能及的，也反映了会馆日益成为政府关注的焦点。

晚清京师的社会变乱使乡人对捐助会馆建设逐渐失去了兴趣，摊捐拖欠的现象也越来越多。北京嘉应会馆通过免租和享受永久使用权的办法，鼓励富裕乡人在会馆空地上自建房屋，"馆内余地同乡自行出资建筑之房屋，毋庸纳租。如本人迁出会馆，其子弟接住仍免纳租。如借予他人居住，或自行封锁以一年为限，一年后该房屋即归公有"。会馆的凝聚力已日益降低，有些会馆靠出租房舍支撑，有时同乡住馆也得交纳一定的维持费。

1937 年后，京师局势更糟，各省会馆管理废弛，"以致被人盗卖、侵占之事，不一而足"。例如，当时的惠州会馆就因"董事仓卒南归，馆事几于无人过问"。可以说，政治变故直接导致了在京师的会馆的衰微。

十一　新旧之耦合：会馆与
商会的交融与链接

　　在明代的北京，由商人设置、专门服务于商业的会馆已不断出现，这与其说是商人对官僚设置会馆的一种模仿，不如说是商人势力强大之后对官僚会馆、试子会馆的不许商人住宿的禁令的示威与抗争，同时也在谋求一种承认。京师的会馆过去多鄙视商人，哪怕是商人出资兴建的会馆一般也不让商人使用，而商人作为流寓之人，他们需要与同乡人进行交往，他们设置会馆，还可以共同对付牙行，实施自我管理与约束。乾隆九年（1744），金华商人"金、兰、东、义、永五邑同乡，金谋建馆……不独逆旅之况赖以消释，抑且相任相恤，脱近市之习，敦本里之淳，本来面目，他乡无间，何乐如之"。这也表达了商人自觉实行管理的心理要求。北京《临襄会馆碑记》言："油市之设，创自前明，后于清康熙年间移至临襄会馆，迄今已数百年……履蹈信义，弊端毫无，足征当初定法良善。"这里说明油市亦归于会馆的管理之下，实是社会管理完备化的标志。雍正十三年（1735）《创建晋翼会馆碑记》中也说："岁壬子冬，布行诸君子，以乡人之萃止于兹者，实繁有徒。虽向来积有公会，而祀神究无专祀，且朔望吉旦群聚类处，不可无以联其情而洽其意也。议于布巷之东蒋家胡同，购得房院一所，悉毁而更新之，以为邑人会馆。"联络乡情、寄托乡思，同时也为了沟通商情，商人更明确了建立为商人服务的会馆的意义。山西众商在商业会馆的建设上就颇为致力。如颜料会馆、临襄会馆、晋翼会馆、潞安会馆、河东会馆等是纯粹的商业会馆，也有士商合建的会馆，如太平会馆，"太平固夙推大邑，不唯赴试闱应铨选者踵趾相错，即挟发财通贸易逐什一之利者更猬集纷纭"。其他如临汾会馆（东馆、西馆）、盂县会馆、襄陵会馆（南馆、北馆）、浮山会馆亦为商人会馆，会馆成为商业发展的重要表征，同时又推进了山西商人在北京的势力的发展。

苏州"为东南一大都会，五方商贾，辐辏云集，百货充盈，交易得所，故各省郡邑贸易于斯者，莫不建立会馆"。会馆数量的多少甚至可以作为衡量商业是否繁荣的一个标志。如果说官绅会馆、试子会馆呈现出由京师向各省的城市扩展的话，那么商业会馆则首先在京师以外的商业重镇崭露头角，继而进军京师，又向全国各地扩散。因此，在北京、上海、天津、汉口、广州、福州等地，商业性会馆也随着商业的繁荣而不断涌现。商业性会馆成为明清时期的会馆中数量最多的一部分，散布于全国各大都市和工商城镇。不过，值得一提的是，即使在工商业都市，士商合建的会馆也屡有出现，这可视为商

人与士子的相互妥协，亦可看作士子在社会责任感驱使下积极
投身会馆建设。商人主观上的自卑与商人地位上的卑微总使他
们无法摆脱对官府的依附，而士子则多抱有整治社会的使命意
识。苏州的兴安会馆建于康熙年间，为福建莆田、仙游士商共
建。宛陵会馆建于康熙二十六年（1687），由江西宁国士商共
建。在福州、广州、汉口等地类似的例子亦多有，只是因各地
与政治中心距离远近不等，官与商所占比例亦各有差别。

何炳棣先生曾把对会馆的研究作为他研究移民史的一个索
引，并收集了地处长江沿线的江西、湖广、四川等地有关移民
设置的同乡会馆的资料，循此，我们得知在东北、台湾移民会
馆亦同样存在。这种会馆大多以庙、寺、宫、观的形式标明自
己的存在，因为移民本身带有商业性，实质上与大都市和工商
市镇的工商会馆有着同样的目标追求，但由于移民们所从事的
多为开发性的农业、手工业或商业活动，所处环境亦与都市和
市镇有异，故颇具特色。这类会馆的大量存在也成为明清时期
会馆取得巨大发展的重要标志。如果说商人会馆还较多地受到
政治因素的影响的话，那么移民会馆则较多地把经济因素放在
了首位。

1　会馆自我管理的成长

应该说，会馆的兴盛不仅仅体现在新会馆的创建上，也表
现在对新会馆的严格管理上，各类会馆的新、旧规约集中反映
了会馆管理的加强及对社会变迁的适应。会馆的严格管理与稳

定维持成为明清时期会馆兴盛的又一表征。以福建漳州会馆为例，其规制就经历过几次更易而渐趋完备。规约对会馆的经费来源（包括喜金、房租等）、会馆支出（包括香烛祭仪、待客茶果、饮宴等）、会馆内部运行（包括执掌、簿籍、修缮、保管、移交等）都做了明确具体的规定，这就在很大程度上克服了过去仅靠官吏临时的、偶发的自愿捐助的不稳定性，使会馆大体能够保有经常性的运作经费，使会馆的各项功能得以正常发挥。各会馆规约的内容基本相同，只是房租、喜金收入及宴祭开支的具体数目因各馆实际情况不同而存在差异。住馆者必须缴纳房租，这可以纠正过去"免费住用"的误解。朱克敬在《雨窗消意录》中记载的京绅董邦达的一则逸事，从反面印证了这种规定的普遍性："富阳董邦达，少年以优贡生留滞京师，寓武林会馆，资尽，馆人迫之，徙于逆旅，质衣装以给。"新增规约更具有可操作性，弥补了过去规约执行过程中可能出现的漏洞。有些新规约的增加则更加落实了馆长的责任，因而更保证了会馆的维持与发展。各商业性会馆、移民会馆各以自己日臻完善的规约来延续自己的存在与发展。

值得一提的是，京师众多会馆因为服务于科举，并经常送往迎来，宴饮、娱乐是其基本功能之一，故会馆在建筑设置上有趋宏之势。戏台几乎成了会馆的必备构件，有的会馆甚至是在娱乐场所的基础上建成。京师会馆的建设顺应了政府管理社会的需要，因而官僚阶层积极参与其中，发挥了规范和引导其发展方向的作用。

在工商业都市或市镇，商业性会馆对商业秩序的追求也成为其得以发展的重要前提。一些会馆的"行规"、"条规"、"章程"和"俗例"等，往往经同行议定，有的还经过报官立案，得到官府的批准、承认，在发生业务纠纷时成为行业内部协调和官方裁判的准则。其内容涉及从业资格、入会费用、行业质量与计量标准、原料分配与生产规模、货物价格、招收雇工的手续、工价和人数限制、开业地点选址、对违犯行规者的处罚方式以及供奉和祭祀的神灵等方面。按照这些详备的规定运行，会馆往往能保持健康发展的态势。专业性的会馆表明商业活动进一步扩大、行业区分进一步细化，商业形势也更加复杂，因而会馆更加注重行业规范建设，促进其相互砥砺、相互救济、相互规劝作用的进一步发挥。

可以说，在会馆发展时期，会馆几乎遍布全国各地，北至内蒙古、甘肃等地，南至闽、粤、台，东至沿海，西至新疆，甚至跨出国界拓展到海外。会馆以各自不同的姿态活跃于该时期的历史舞台上，呈现出群星璀璨的兴盛景象。

2　会馆、公所职能的更新

在会馆取得重大发展的时期，与会馆并存的公所也逐渐增多。过去一般认为，会馆是同乡组织，公所是同业组织，其实并不尽然。有的同业组织也称会馆，如上海的丝业会馆、汉口的金箔会馆、佛山的轩辕会馆（服装业）等。有的同乡组织也称公所，如上海的浙绍公所、四明公所、锡金公所、广肇公所、京江公所、浙金公所，重庆的云贵公所，苏州的浙绍公所等。有的组织从会馆改称公所，如：同业组织上海茶业会馆于1855年与丝业合组，称丝茶公所，苏州的南枣公所由南枣会馆演变而来；同乡的苏州宣州会馆改为烟业公所。有的组织从公所改称会馆，如：同乡组织上海潮惠公所、关山东公所分别改称为潮惠会馆、山东会馆；同业组织上海本商公所改称本商会馆。这种改变，有的是为了与原有母组织区别，如潮阳帮和惠来帮糖、烟、洋药各商自潮州会馆析出后，一度改称潮惠公所；有的是为了与同类组织相区别，如上海的南市钱业公所与北市钱业会馆等。对这种情况，《上海县续志》说得明白："或称会馆，或称公所，名虽异而义则不甚相悬，故不强为区分。"造成这种情况的原因有以下几个方面。首先，会馆的设置是以联谊同乡为最初起因，因此加入会馆的人们便可能在某个行业或某几个行业产生共趋效应，从而更易形成自己的地域特色，在这种情况下，同行与同乡关系是重合的。假如既是同籍又同行，则称为会馆或公所都已不成问题。其次，人们将不是同籍、同行的会馆也经常称为会馆或公所。上海《兴修泉漳会馆碑》说："会馆者，集邑人而立公所也。"《上海县为祝其公所事务归南庄值年告示碑》说："窃昔年青口镇富商……来申贸易，议起公积创建会馆，坐落大东门外……门额刊石祝其公所。"例如，苏州的宣州会馆建于乾隆初年，为安徽宁国府商人所建，到嘉庆间所属各县分设公所辅之，这里公所似乎隶属于会馆之下。有的则是整体建筑称会馆，包括神殿、客寓、义冢等，而其中的办公议事交易场所称公所，如宁波的钱业会馆内设有钱业公所，买卖银洋、银角，俗称"做进出"。

因此，会馆与公所在很多场合往往不易区分，倘若真要说出二者的区别，其主要当在于：会馆往往较多地讲究仪貌；公所则更多地注重实效。因此，有的公所会逐渐扩大规模演变成会馆，也有的会馆内又分化出公所，或者说消除其他功能而仅执行公所的职能。

会馆的最初职能在联络乡谊，所以它力求把会馆的顾恤、赈济、发展经济和共同进步作为自己的目标。然而，随着商品经济的发展，各会员能力的差异必然导致彼此之间的尖锐矛盾，于是，有些人就力求建立不要承担太多义务的公所，以适应激烈竞争的要求，倘若由此致富，取得了较多的资本，他们又力求创设会馆以举办较多的公益事业，赢得社会的尊重。因此，似乎可以说，公所往往是中小商人谋求发展的处所；会馆则往往是大商人跻身仕途或攀附仕途的根据地。中小商人则既可栖身公所，又可寄居会馆。一般由官绅做会董，"官董其事，商司其册"是其基本的规范，在各地方城市，外籍在该地设立的会馆时常由旅居该地的官僚与商人联合创建，连曾国藩也乐于为设在安徽芜湖的湖南会馆捐资，也有的商人捐得虚衔，刻在会馆碑记中，以壮声威。实际上，会馆和公所的名称变化往往也不一定能及时地反映其实际内涵的变化，1920年吴县知事温绍梁在布告中曾这样总结说："盖纯正商业，建有公所，虽为同行议事之处，其中仍含有慈善性质，各业类同此旨。"公所模仿会馆或趋向于会馆的倾向仍很明显。如，苏州纸业两宜公所"习斯业者，异乡人氏居多，而年老失业、贫病身故及孤寡无考者甚众"，有鉴于此，"爰集同业，议立两宜公所于吴邑北正二图宝林寺前西首，专办同业老病、孤寡、义园诸善举"。绚章公所也因为蜡笺业"类多异乡人氏，或年老患病，无资医药，无所栖止，或身后棺殓无备，寄厝无地"，考虑到"同舟之谊，或关桑梓之情，不能坐视"而建立的。正因为如此，公所往往与会馆并没有严格的区分。

进入近代以来，客观形势的复杂化使会馆的发展又遇到新的契机。"中西互市以来，时局日新，商业日富，奇货瑰宝，溢郭填墉。而握其枢者，实赖资本家斥母财以孳息，俾群商得资其抱注，于以居积而乘时。顾商战之要，业欲其分，志欲其合。盖分则竞争生，而商智益开；合则交谊深，而商情自固。公所之设，所以浚商智联商情也。"在上海，为此而建立的会馆不断出现。潮州会馆于乾隆四十八年（1783）由"潮属海、澄、饶三邑绅商捐资契买洋行街地基公造会馆一所，供奉天后圣母。一并于照壁后相连架造公栈两间，为各绅商登岸驻足之所"；嘉庆年间又"于洋行街捐厘公建潮州八邑会馆，奉天妃焉"。延至咸丰、同治年间，会馆都有效地为潮州人在上海的经济活动和商业经营提供了便利，其他如山东会馆、江西会馆、四明公所也是这方面的例子。

我们把清朝咸丰朝、同治朝以后的时期看作是会馆的蜕变分化期，是因为1840年的鸦片战争改变了中国历史的进程，外国资本主义的入侵首先从经济领域开始，然后再向政治领域、文化领域延展。我们看到工商性的会馆对此做出了积极的反应。

根据对清代及民国初年汉口有设立年代的 114 所会馆的记载，有人将会馆数量分年号进行了统计。

清代至民国初年在汉口的会馆的设置数量表

顺治年间	1	乾隆年间	12	咸丰年间	9	宣统年间	3
康熙年间	16	嘉庆年间	1	同治年间	20	民国初年	9
雍正年间	1	道光年间	5	光绪年间	37	合计	114

从上表可以看出，会馆设立数量的变化与汉口在清代前期发展较快、清代中期因社会动乱发展停顿、至开埠之后迅速发展的状况大体一致，且中西接触后此种商业组织仍强劲发展。这充分表明会馆组织具有不可忽视的内在生命力与外在适应性。

有的会馆与公所通过集合或分散的形式来壮大自己的集团力量，如上海的万世丰会馆、潮州八邑会馆的组合与分化都是为了争取在对外贸易中处于有利地位。李鸿章即已认识到可利用商人团体树立经济上的民族主义意识，与外国势力开展竞争。由此，在上海，会馆的建立便常得到在沪做官的同乡官员可观的财政支持和政治支持。这些官员成为会馆的重要政治庇护力量，体现了官方与非官方的相互配合。由于会馆的连接，同乡商业网络还超越上海一地的范围，形成跨地域的网络系统，从而在商业竞争和慈善救助方面更加具有力量。顾德曼的研究显示：上海的各地会馆组织不仅把捐助的范围推及家乡，也在上海的公共建设上投入自己的力量，进一步扩大了会馆组织的社会影响力。有的会馆还援助外地的灾民。例如，上海的浙江商人会馆捐资援助 1876 年苏北水灾中的难民，

1877～1878 年中国北方省份如河南、直隶、山西和陕西遭受非常严重的干旱和饥荒时，这些会馆发起了更大规模的募捐活动。1877 年，广东买办郑观应和浙江商人、慈善家经元善一起参与了山西救济机构的组织工作。受到浙江商人慈善行为的激励以及郑观应、广肇公所董事徐润的鼓励，其他旅居上海的广东商人于 1878 年也向灾区捐赠了大量财物，唯恐《申报》的捐赠名单上没有自己的名字。会馆越来越多地在社会事务中显示出其存在的价值，也显示了超越狭隘的同乡观念并走向国家观念的趋势。各会馆已不再仅孜孜于把别的会馆作为对手，它们已逐渐地具有合作以求共赢的国家意识。

会馆超越狭隘乡土范围的公益活动常常是对官僚集团的倡导的响应，因而也多能得到官僚集团的庇护。广东商人对北方饥馑进行的慈善救济令李鸿章颇存感念，他很乐意地成了他们几家官办或官督商办企业的董事，甚至愿意为他们从事的鸦片活动奏请皇帝批准。

上海的各地会馆为官府分担了不少事务，甚至官府常借用会馆的会所举行会议，给人留下会馆与政府利益一致的印象。会馆在预防盗匪和暴动、在大众节日时维持秩序、调解争端闹事和防止罢工等方面也都为政府做出了贡献，因而也赢得了一定的权威。

19 世纪 70 年代初的一份告示反映了会馆在节日活动中为维持社会秩序与官方的配合。"洋泾浜地方，每届七八月两月，有闽、广、宁、绍等处民人兴赛盂兰盆会，轰动一时。不肖之徒藉以聚众滋事，乘间偷窃，流弊不可胜言，历经禀蒙预

行查禁在案。兹查前项赛会在迩，禀祈照会加饬县严谕闽广潮
惠宁绍各帮会馆董事，并出示南北两帮一体禁止，不准赛会，
以靖地方等情。"面对官府的布告，会馆纷纷发表告示，承诺
维持城市秩序。广肇公所警告本省同乡不要在七月"招惹麻
烦"，还传达了道台的禁令，警告队伍不准进入县城和外国租
界。会馆声明，将把制造麻烦和谣言的人解送当局，并拒绝帮
助那些破坏法律的人。

　　会馆竭力争取提高自己在公众中的权威地位，竭力谋求官
方的保护和支持，事实上，得不到官方允许的团体是不可能长
期维持下去的，小刀会起义的失败也充分说明了这一点。

　　会馆需要仰仗官方的支持，所以会馆很愿意为官方承担力
所能及的事务。官府的工作效率往往体现在对会馆这类组织的
有效依赖上。譬如征税事宜，商人团体的参与能有效地防止走
私和偷税漏税行为。会馆帮助官方征税绝不全是义务性的，对
于它自己，一方面能借机提高自己的权威，另一方面则能为自
己谋求政策的优惠，而把负担转嫁给竞争对手。顾德曼认为这
是会馆功能的重大扩展。到 19 世纪 90 年代，政府与会馆、公
所对厘金征收的合作使会馆在包缴政府额定税款之后，仍能有
很丰厚的收益。

　　会馆参与城市社会管理，体现了会馆与当地官方利益的协
调和互补。顾德曼说："国家对会馆的依赖、上海的同乡官员
频繁出席会馆会议、会馆经常承担官方机构维护秩序的职能，
使同乡组织日益进入全市性的官僚网络之中。"会馆几乎成了
准官僚机构。

会馆功能的增益还体现在它成为近代社会中推进技术革新和制度变革的重要基地。上海的会馆领导们与其他商业精英一起参与自强、求富运动,成为其中的积极倡导者、投资者和参与者。会馆的团体性使它便于集中资本,以与外国企业竞争。像上海的拜石山房和同文书局分别属于宁波帮和广东帮,在引进外国技术方面树立了榜样。

清朝政府也力求培植华商以与外国企业进行竞争,或通过减税,或通过官方保护、财政资助和抑制干涉,不断地给具有一定实力的商帮或大型民族企业以助力。会馆间的协调和配合则能够把一个公司的事务变成全体同乡人的事务。他们认识到"彼外人之能以商战争雄者,唯其对于内则精益求精,对于外则同德同心故也",华商欲在商战中获胜,必须"协力经商,同心御侮"。苏州水木业公所在述其创建缘起时强调:设立公所,建立团体,其精神"在捍御外侮,而爱护其同类",其命脉"在联合心志,而切靡行其智识才能","以之对外则优胜,以之竞争于世界则生存,而自立之效果始成"。苏州银楼业安怀公所也强调"联群情,结团体,互启新知,勿私小利,使吾业于商战界上,占进步而操胜算","与东西各国互相争胜"。会馆、公所的趋新倾向都很明显。

会馆支持创办报纸是会馆社会影响力扩大和社会威望提高的重要体现。广东会馆通过容闳、唐景星、容纯甫及广东一些茶叶商人筹集资金银两一万,在与广东商人控制的轮船招商局毗邻的一幢大楼里创办了《汇报》,并得到知县叶廷眷的支持。《汇报》最初免费分送,成为誓与《申报》分庭抗礼的中国人自己办的报纸。当然，具有同乡性质的会馆还是多少存在着一些地域壁垒的，《汇报》也是兼顾民族性和同乡利益。

会馆逐渐演变为一种社会机构，上海的会馆可以为公共租界的救火联合会提供资金，也可以出面直接与外国在华势力打交道。外国当局会依靠会馆来维持租界内中国居民的秩序。上海租界的工部局于1910年承认宁波行会、广东行会、山东行会、南京行会、无锡行会、山西票号行会、直隶和八旗行会、汇兑银行行会、金业行会、典当商行会、湖州丝茧商行会、茶商行会、洋货商行会等14个主要由行会形成的团体组织。当租界需要处理一些具体事务时，往往需要借助于会馆的居间协调。譬如义和团运动期间，租界内的华民纷纷迁出租界，这很让上海的工部局恐慌，只好求助于会馆等组织。又如，租界当局还以鼠疫流行为由，推行公共卫生条例，这其中产生的谣言和不理解也往往引起诸多紧张，会馆对此的化解也显得非常重要。

会馆在处理这些事务时不是一味迁就外国人，也特别注重保护民族利益。正因为如此，它往往较官方机构更能达成事端的解决方案。具有高度组织性的会馆、公所在处理中外纠纷中发挥了重大作用。当上海的工部局对黄包车夫加征执照税时，由于执业者多为来自苏北的移民，他们缺乏声望、资源和组织，故难以形成巨大的反抗力量。而宁波商人就不同，他们组建的四明公所面对法国殖民者要在四明公所墓地上筑路的挑战，与法租界展开交涉，前后两次（分别于1874年和1898年）均以胜利而告终，显示了会馆力量的强大以及会馆在近代商战中的积极作用。经历过这两次事件，同乡中的部分下层代表进入会馆的领导层，使会馆更呈现出一种壮大的趋势。

近代同行会馆往往更注重行业规范的建立，如上海药行齐行确立行业标准："沪邑大东门内有药皇庙者，本埠药行聚议处也。本月二十五日各药行、药店伙伴齐集庙中，公同较准秤称，凡同行秤药应照会馆秤一十二两八钱为准，以后各家一律遵照，无论进出货物均须从同。倘有参差及大小不同之处，一经察出，定及重罚。"同行间通过每月一次这样的聚会，可以实现彼此间的相互监督，从而规范商业秩序。

近代工商业会馆致力于倡导、扶持开通商智、调查商情等旨在推动行业现代化的活动。如上海振华堂洋布公所成立于咸丰三年（1853），到 19 世纪末 20 世纪初，公所议董们在集议时一致认为：在"世界潮流趋新革故"的新形势下，洋布公所应"一遵新法，俾洽时宜"，决定"重定规则"，以适应时代潮流。在重订的公所规则中载明：公所宗旨是为了"联络同业，维持公益，研究商学，以冀同业之发达"，规定共所必须适时"增益删改，而臻于完善之域"。在新当选的一批富有改革创新意识、重视布业改良和推广商学的总董、协董、议董的主持推动下，洋布公所大兴办学之风，培养了一批新式人才，其适应时代变迁的努力世人有目共睹。

3 会馆与商会的相互链接

过去普遍认为，会馆、公所的减少就意味着社会的进步，似乎一进入商会阶段，社会便会出现脱胎换骨的变化。其实不然，新事物从来就不可能在一张白纸上出现。反之，有人认为会馆、公所的趋新变化是由于在会馆中新兴的资本家取代了传统的旧式商人，其实亦不然，旧的事物时常可以在新形势下发生渐变。例如，创于 20 世纪的山东会馆就敏锐地察觉到形势逼人，旧轨难循，必须及时转轨更张，其碑文中指出：往昔山东籍的商民"商于斯者"，"犹循旧轨，力与为敌，以朴为经，以勤为纬，尚能矗立于中外互市之秋"，而在新的商战形势下，则必须通过"会馆之成合，群策群力，共谋恢张，揽利权之要，而驰域外之观"。这也反映了强烈的趋新倾向。

会馆并没有因为商会的出现而遽然消失。在政府呼吁发展商业、开展"商战"之时，许多地方商会纷纷建立起来，人们都以为："商会者，所以通商情保商利，有联络而无倾轧，有信义而无诈虞，各国之所能孜孜讲求者，其商务之兴如操左券。"光绪三十年（1904），政府设立商部，各地商业会议公所或改成商务总会，或改为商务分会，有的在其下还有商务分所。天津商务公所的设立，是针对"大抵天津商人势散而识拙，故见利则互相争，而见害则各不相救，知有己而不知有人，其甚者则欲假公以济私，以致步步难行，节节闭塞，至于今日而疲困极矣"的情况，故"商务公所原为市面滞塞而设，所有办法以疏通二字为主义"。"天津商情涣散，互相倾轧，现设商务公所以资联络，拟令各行商业大者公举董事二人，小者一人，以便详求受病之原及救急之法，和衷共济，一洗从前旧习。"《设立天津商务总会应行办法刍议》（光绪三十年，即 1904 年）中说："惟中国自海禁大开，商埠日辟，番舶互市，利权外溢，华商艰窘日甚一日，商务衰颓，固不必讳。就津市而论，往年街面计存官行各款为数甚巨，藉资通融，尚可敷衍。庚子以后，银根空虚，钱法大坏，商务凋敝，元气未复，加以经商者扬厉铺张，浮华太甚，以至官行各款无敢寄存者，是以市面愈加滞塞，通国类然，天津尤甚，非实力整顿，大事培养，不足以联商情而挽颓风。今立商会，兴利除弊，藉得补救，诚一商务之大转机也。"这表达了对设立商会的无限期望。

据 1925 年出版的《上海指南》记载：当时上海的工商团体中，仍有会馆 60 个、公所 179 个，两者共 239 个，反而比1922 年增加了 11 个，它们以团体代表的身份加入上海总商会，成为"合帮会员"的重要组成部分。徐鼎新先生从对1922 年上海总商会的组织构成的分析中看到：在沪同乡、同业团体代表组成的"合帮会员"中，呈现出新、旧工商团体平分秋色的局面，而且会馆、公所的入会人员数和会员代表数，均超过新型的同业公会联合会、同乡会的数量。

在四川，《川东道川东商务局申报重庆商务总会开会日期并拟定会章禀》中说："一经言之商会，非因事体繁难，艰于虑始；即或别存意见，恐有捐摊，兴办迟迟。"川东道叹曰："窃闻非常之原，黎民惧焉，因亦人情之常，然未有若此兴商会，该商民等畏缩因循，如此之甚者也。"从历史事实看，清政府对商会虽在政策上积极鼓励，但并没有太多具体的行动，商会会董的选举、商会会董的身份、商会的经费来源等方面都可以说明这一点。商部也认为："商会者，并非本部强令各商联合，不过使各产自相为会，而由本部提倡之，保护之，使官与商息息相通，力除隔膜之弊。"此外，清政府亦未在商会中派驻督办，各商会办报、办学及举办其他社会活动，商部也从未干预过，因此可以说，清末商会处于较为自主的状态。重庆商民对设立商会的畏缩或许是由于清政府革新精神不足、商会徒具虚名，而传统会馆作为民间自设社会组织已不断做出适应社会形势的变化，人们无须新设商会。

从史料看，商会虽制定了具体而微的规章，但许多规章并不能切实施行。例如，北京酒行商会"成例以距都门四十里地以内不准私开酒店局，以杜零星贩卖之便。近来各城外开设私酒店局不一而足，匪徒贩卖城内，到处零售，以致行中生意日见疲微，国课日形亏乏"。在广西藤县，广东籍商人是当地商人的主体，这里也设立商会，但起的作用不大。在县商会外，有新会"米柴竹丝桂"各商家，用古岗堂名，在粤馆公议，办事沿用惯习，无文法之规则。"现虽立有商会，而新会大资本之米柴竹丝桂杂货商户十余间，仍用古岗堂名，在会馆办事。无论事之大小，均与商会不相往来。因商会各董事多系小本生意，既无巨资，不过假商会之名，为敛钱营私，抵制地方之计。""后到商人，不用纳捐入会，只要遵会馆规章。不遵，则会馆有不保护之限制。无罚则。"这是会馆在地方发挥实际作用的明显事例。

在苏州盛泽镇商务分会会员名册中，本籍商人占据绝对优势的地位，从"苏州商务总会"由 1905～1911 年的六届会员名录来看，"本籍"董事的人数远高于任何一个单县的"外籍"董事总数,而大多数分会职员名册也反映了同样情况,这表明苏州商会实际上已成为以本地籍商人主导的商人团体,这是土籍与客籍矛盾的反映,归根到底依然是同乡关系的表现形式。

会馆和商会,都是社会变迁中社会组织建设的反映,其中势必有一些不同,但绝不是泾渭分明、毫无共通之处的。商会与传统会馆、公所相比,可能更倾向于从政治的角度、从社会的角度去规范经济活动,而传统会馆、公所最初所推崇的是道德与经营活动的理性原则,但会馆、公所亦在社会变迁中(如帝国主义的入侵、清政府的国策演变)不断增益自己的新功能,最后自然而然地融入商会组织中,有时还在商会组织中扮演主角。

中国商会是借鉴外国在华商会的经验并直接受其影响而建立的。早在道光十四年(1834),英商率先在广州设立了商会。在中国商会成立之前,外商已在广州、香港、上海、天津设立了6个商会。据统计,从1834~1923年,外商在中国的21个通商口岸设立商会61个,其中,洋商总会5个,英国商会17个,日本商会9个,法国商会8个,美国商会6个,德国商会5个,比利时商会4个,意大利商会3个,俄国商会2个,荷兰、挪威商会各1个。

外国商会在对华贸易中的作用,令中国商、政及知识界有识之士意识到应该用自己的商会与外国商会展开对话,展开竞争。从光绪二十一年(1895)起,维新人士即积极筹备,到光绪二十九年(1903)设立商部,掌管商务、铁路及矿务等,后将工部并入改称农工商部，把两年前（1901）设于上海的商业会议公所改名为上海商务总会。1903 年商部颁布《商会简明章程》（以下简称《章程》），《章程》第二款规定："凡各省、各埠，如前经各行众商，公立有'商业公所'及'商务公会'等名目者，应即遵照现定部章，一律改为'商会'，以归划一，其未立会所之处，亦即体察商务繁简，酌筹举办。至于官立之保商各局，应由各督抚酌量留撤。"《章程》第三款规定："凡属商务繁富之区，不论系会垣、系城埠，宜设立商务总会，而于商务稍次之地，设立分会，仍就省分隶于商务总会。如直隶之天津，山东之烟台，江苏之上海，湖北之汉口，四川之重庆，广东之广州，福建之厦门，均作为应设总会之处，其他各省由此类推。"据统计，1902～1912 年，全国各地共成立商会 998 个，其中有 13 个省成立的商会数在 50 个以上。四川的商会最多，有 96 个；其次是浙江，有 84 个。新疆的商会最少，有 3 个；其次是贵州、察哈尔、绥远，均为 5 个。

清末，外国势力在某种程度上逐渐征服了清政府，这却也使商人阶层在某种程度上疏远了清政府，他们认识到清政府逐渐蜕变为他们强国之路上的障碍，会馆组织便成为他们从坚持反帝维权转向反清革命的基地。上海的旅居商人团体在发动同乡反对清政府出卖国家权益等方面起了极为重要的作用。许多上海旅居者也积极参与了"立宪运动"和收回路权运动。

十二 政府与会馆的博弈：
从放任、默许到认可

　　会馆作为一种社会组织，在明清社会的结构性变迁中发挥了自己的作用。事实上，明清时期基层社会组织颇多，有的是官设基层组织如里甲、保甲、厢坊等，有的是民间自发的组织，其中又有合法的家族、乡族、会社，有非法的秘密会社等。会馆属于民间自发的合法的基层社会组织，它的出现可以说是明清社会结构性变迁的集中体现。

1 会馆是传统文化中家族观念泛化的产物

　　我们知道，家族是社会的基本细胞，明清时期也不例外。它经常得到封建政府的提倡而普遍存在于士族、庶族阶层中。它通过族谱、祠堂、族产等在维护君主权威和地方社会秩序方面起着基层政权的一些作用，成为明清皇权统治的基础。祠堂活动贯穿着等级制的精神，与王朝的等级统治恰相吻合。家族能够适应不断变迁的社会形势，具有极强的社会适应性，王朝的更替有时也不会直接导致它的瓦解。对于明清时期日益成长起来的市场经济，它也能迅速适应，有的家族内实行了子弟的职业分工，士、农、工、商的等级观念在大家族中首先被冲破。有的家族可以通过集资、合股经营发展工商业、发展公共事业，有的甚至可以举族迁移到城市中，形成族工、族商的局面。因此，家族这种社会组织不仅在农村而且在城市都产生着巨大的影响力。

家族观念还不断泛化，以致血缘、地缘与利益关系都可以成为宗族发展的联系纽带，于是出现了许多宗族的拟制形式，成为基层社会的集团组织，除此以外，乡族势力日显壮大，各类会社、善堂组织亦纷纷出现并成为整合的工具。即使在佛山这样的新兴工商业城市，乡族组织也通过大魁堂（嘉会堂）这样的准官僚机构，由地方绅士来把持佛山的社会事务。"嘉会足以合礼，盖礼以忠信为质，毋徒周旋揖让以饬弥文，斯其会为可嘉也。今而后务矢合簪之谊，岁有会，会有规，劝诱德业，纠绳愆过，所以风励流俗，维持世教，厥功诚伟，将俎豆而尸祝之无愧矣。"乡绅势力成为乡族组织的政治领袖与精神领袖，恰好弥补了封建政权鞭长莫及的缺憾。

除了上述以家族为主的自发的社会组织外，明清政府在基层仍另设编制，明初设有里甲制度，在农村设里，城市设坊与厢（近城曰厢，城中曰坊）。110 户为 1 里（1 坊或 1 厢），从 110 户中选出粮多的 10 户为里长（坊长或厢长）另外 100 户组成 10 甲，甲设甲首，每甲 10 户。朱元璋还在里甲制度之外辅以老人制度以实现对基层社会的管理，提出"若欲尽除民间祸患，无若乡里年高有德人等，或百人，或五六十人，或三五百人，或千余人，岁终议赴京师，面奏本境为民患者几人，造民福者几人，朕必凭其奏，善者旌之，恶者移之，甚至罪之"。朱元璋坚信：如果城市和乡村的耆民智人"肯依朕言，必举此行，即岁天下太平矣"。他要求里甲老人在纠察地方盗贼与逃军、逃囚及生事恶人、户口工作、旌善惩恶、劝诱农功、敦睦乡民方面竭尽所能，目的在于建立自给自足、恬静安定的社会。里甲老人制度在实施过程中特别是实施初期对社会经济的恢复和发展起了一定的积极作用，但是，到宣宗时，老人制度就开始变质。"比年所用多非其人，或出自仆隶，或规避差科，县官不究年德如何，辄令充应，使得凭藉官府，肆虐闾阎，或因民讼，大肆贪饕，或求公文，横加骚扰，妄张威福，颠倒是非，或遇上司官按临，巧进谗言。"老人制度的消极作用日趋明显。

商品经济的发展对里甲制度提出了无情的挑战，清政府曾试图通过"均田均役"等行政性强制措施，以重新推行明初的里甲制度，但终究不能解决土地流转与人口流动等问题，"均田均役"或效果有限，或徒具虚文，户口编审与田土编审都有待推行新的制度。雍正六年（1728）清廷在各省推行顺庄法，要求以人户现居村庄为编查依据，散落各地（不同里甲）的田亩，一概归于其户主名下，登册纳粮。这打破了里甲组织对土地与人户的限制，否定了过去的"均田均役"法，实现了从注重里甲组织变为注重能实际管理人户的村庄的转变。清政府既而把顺治初年即要推行的保甲制与之结合起来，保甲确实在许多方面克服了里甲的缺陷，如保甲在催粮与编查人户方面更为有效，有人说"理户口之法，莫善于保甲"。也有人说"保甲不但可解盗，稽田赋则钱粮不能欠，田土之案无虚假矣"。乾隆二十二年（1757），清政府的保甲条文规定，保甲长要负责户口迁移登记，并负责随时报明，各地大力推行保甲循环册，用来登记人口及其流动情况。保甲组织统计的人口数比以前里甲的户口编审更接近实际，"奉行者惟谨户口之数，大致得其实矣"。这样，保甲组织就不仅为封建国家提供了户口资料，而且成为加强封建统治的一种手段。保甲组织还承担起地方的各种社会事务，它可以负责处理和上报地方的词讼、殴斗等案件。清代地方州县在处理案件时，常常借助于保甲组织，"凡户婚田土，词讼事件，不待证佐，已可悉其大半"。有的州县规定"乡约、保正各司一事"，保正可剖决地方曲直。此外，保甲还参与乡约月讲、办理赈济事宜。其后，保甲还进一步军事化，形成团练、义兵等。清政府以维护、强化保甲的办法，加强其对基层社会的控制，造成了国家在地方上"唯保甲是赖"的局面。可以说，家族组织与保甲制度对明清基层定居着的人们的管理是至纤至细的。

然而，明清市场机制的发育与成长、赋税徭役制度的变更，为人口的迁移及人身依附关系的松解提供了便利。在不少地方，土著与客籍人口有区别，有的地方，流寓人口甚至超过了土著，如果说土著适合于和家族用里甲、保甲来实施管理的话，那么对于流寓人口，里甲、保甲等的管理很难有成效。这些地方存在着行业的多重性、人员的流动性、文化的复杂性、规模的庞大性，在商品经济影响下的各类城市，这些特性更加显著。"夫京师者，四会五达之庄也，阛阓周通，肆廛错列。车则毂击，人则肩摩。水陆于是乎会同，货财于是乎偕集。"来京师者"其世家巨族，读书而务实学，而其次者则商贾江湖，以阜其财；而其又次者则操奇赢，权子母，以博三倍之利。逐所便易，则不惮涉山川，背乡井，往远至数十年而不返"。这里表明，迁移者身份也很复杂，不仅有穷人，也有富人，不仅有思入仕者，而且有思经商或放高利贷者，总之，求利、求富、求名成为驱动人们离籍他徙的主要原因。于是，"游手纷于镇集，技业散于江湖，交驰横骛，而上之人不得问焉"。而这求名、求富、求利的行为在传统熟人监督机制失去而又来不及建立新的机制的时期，便颇易跨越礼仪、道德、法规的禁限，而使社会变得无序，甚至动荡。这时，会馆的管理功能便在官府的行政管理之外显示出自己的优越性来。明时刘侗、于奕正就说："盖都中，流寓十（倍）土著，游闲羼士绅，爰隶城坊而五之，台五差，卫五缉，兵马五司，所听治详焉，惟是四方日至，不可以户编而数凡之也，用建会馆，士绅是主，凡入出都门者，籍有稽，游有业，困有为也，不至作奸。作奸未形，责让先及，不及抵罪。抵于罪，则籍得之耳，无迟于补。"会馆都由同籍的绅商自发捐资而兴，这既不需封建政府出资，又弥补了封建政府社会管理中的空白。陈宗蕃便说："夫欲国之治也，必自乡始产曰：'君子观于乡，而知王道之易也。'吾国治乡之法，一业有一业之规约，一族有一族之规约，一乡有一乡之规约，在外之会馆，亦其一也。规约明，则事无不举，规约不明，则事无由行。"这是说，会馆作为在行政管理之外的又一种管理体制，发挥着与乡约、族规等相同的作用。

在新兴的工商城市，会馆的管理功能更显突出，以上海为例，这里"五方杂处，侨寓之民实多于土著，故各处之旅沪者，皆立会馆以通声气，宁波人最多，所立者为四明公所。粤人次之，所立者为广肇山庄、潮惠会馆。他若湖南、楚北、泉、漳、浙绍、锡金、徽宁、江宁、江西等处，各有会馆，此外未设会馆之处，每月有开同乡会者，亦联络乡情之意也"。他们以同乡作为建立社会联系的基点，还因为"籍同里井者，其情较洽，籍同里井，而于他乡遇之则尤洽"。会馆更便于树立彼此的认同意识，因而便于管理，容易长久维持。这也成为流寓之人适应新环境的倚靠和群体生存的关键，从而在商品经济有所发育但又很不完备的形势下，抵御强霸势力欺诈或贪官污吏的勒索，较好地研究商情和协调内部关系，进而订立规约、交换行情、议论价格、共守信誉等，并谋求建立起工商业活动的和谐秩序。被推举出来的会馆会首或者有一定的政治地位，或者有较雄厚的财力，他们有权出面排解本会馆内部或会馆与会馆之间发生的纠纷，他们有义务为会馆众人谋福利，如创办学堂、解决子弟教育问题、救济同乡中的困难户、发放救济粮、购买坟地以葬同乡死者、资助缺少路费的过境同乡、组织演戏及打球等娱乐活动。有的会馆甚至建立固定的居民区，形成社区化的社会基层管理组织。例如，汉口的宝庆码头与宝庆会馆的居民区极大，上至大水巷，下至沈家庙，内至广福巷、武圣庙，道光间有数千居民，汉口的新安会馆建成新安街、新安书院。这种"移民集结而成的"城市"地方社会"保留着强烈的团体意识和"共同的社会惯例以及高度有效的共同控制"。

延至清末，会馆的社会管理功能更见明显，各会馆章程之详细、对执掌者的身份与地位的要求之严格、会馆的申报备案以及对社会事务的全面干预，都明显地反映了这一点。这种以"自给自立"为特色的工商业控制系统，实际上弥补了官方管理机构在这一界域内的薄弱控制。直到 20 世纪以来，它们对内继续兴办公益事业，如丧葬与公祭、康乐与公庆、医疗、济贫与职业介绍、教育、调解内部纠纷、积谷等，对外维护乡民个人的权益和本乡的集体利益。诚如乐正先生所说："进入本世纪（即 20 世纪）以来，各大城市中的近代商会组织纷纷建立，但旧式的会馆、公所仍然是城市工商业中的重要经济组织，它把传统的地缘关系与现实的行业纽带融为一体，把旧式的人际关系与职业行规与近代的社会契约和民主意识结合起来，在经济发展中起着重要的作用。因此中国城市经济功能结构的近代化过程，既有新旧事物间的矛盾冲突，也有它们之间互补共进的发展。传统因素直到 1949年仍在城市经济中起着重要作用。"在 1918 年修《大中华浙江地理志》中便有这样的记载："浙江杭州总商会，在保佑街，城北商务分会，谓之会馆，如米业、绸业、丝业、机业、木业、柴业、茶业、药业、酒业、扇业、典业、钱业、衣业、布业、烟业、箔业。凡各业能组合会馆者，其业必盛。湖州、绍兴、四明、奉化、余姚，在省各有会馆，其商人亦自成一团体焉。"《鄞县通志》说："我国民众之有团体，盖滥觞于商贾，商贾以竞利为鹄的，垄断饮羊自周已然。而同行嫉妒一语亦为方俗口头禅，于是，其中有翘楚者出，知己相倾轧必致两败俱伤也！乃邀集同业订立行规，相约遵守，俾有利则均沾，有害则共御，此商业团体之成立所以为最古也。其资力较雄厚者，或建造会馆，或设立公所，以为同业集议联欢之所，公举董事柱首掌理评议经济之诸务。"

梁漱溟说："离开家族的人们没有公共观念、纪律习惯、组织能力和法治精神，他们仍然需要家族的拟制形态。"会馆就是一种既以家族为摹本但又超越家族的社会组织，它标志着中国传统的社会管理体制进一步完善。它管理的对象是流寓客地的同籍之人，它所树立的精神支柱是乡土神、通祀神以及会馆的创业者，它要求众会员在变迁的社会中既能发扬传统，又能适应社会变迁，为众会员提供各种可能的便利。它能满足同乡人在外地寻找乡情依托的需要，能使同乡人走向仕途、走向商场时不仅凭个人的奋斗，更能依恃团体的资助，因而取得成功的可能性就更大。专业性的同乡同行会馆一般也不以限制同行的竞争为目的，而更在于为同行的发展创造更公正、更合理的环境。当我们了解到明清时期家乡观念日益浓厚的事实时，我们便易于理解会馆的历史地位了。它超越家族组织，使明清社会群体组织又有了大的发展。因此，会馆在从家族观念走向更广大的乡的观念直至国的观念的过程中起着过渡作用,如今海外华人会馆的发展也明显地说明了这一点。

2 会馆具有整合流动人口的社会功能

道光年间,有人认为可利用会馆管理都市流动人口:"省垣五方杂处,易成朋党,易起衅端。此中查访难周,最难安放。窃意各省有各省会馆,各行有各行会馆,各归各帮,尤易弹压。宜于会馆中,择贤董数人,专司劝导,每逢月朔日,各会馆宣讲馆约……三次不到,即摒斥,或资遣回籍。如此……虽五方杂处,亦不足患也。"乾隆四十九年(1784),苏州《潮州会馆碑记》中有姚姓"客长"的署名。此"客长"即客籍人士之长,譬如在新安典商会馆内"倘有不肖者出,会馆出场驱逐,俾贤愚勿混,一振规模"。典铺内部实现了有序管理,为所在地的社会治安发挥了作用。

清代前期,在重庆府巴县县衙,凡有涉及外地商人和客籍人士之事,总是由"八省客长"出面处理,或先听取"八省客长"的意见,遇有纠纷甚至刑事案件,通常责令"八省客长"为犯罪嫌疑人担保等。以陶瓷业闻名的景德镇分为都昌帮、徽州帮和杂帮,三帮均设立首事,借资稽查弹压,官府依靠各帮首事加强地方治安。

太平天国时期,会馆帮助政府征收厘金,为政府筹集了镇压太平天国的军费。《平定粤匪纪略》记载道:"因江都之仙女镇各会馆旧有抽收厘金章程,遂于是月仿行,以济军需，坐贾则按月收捐，为板厘，行商则设卡抽捐，为活厘，按获利之厚薄，约取百中之二、三，商贾不致病累，而军饷以充，后各省皆循行之。军兴十余年，士马得资饱腾，厘捐之裨不浅。"会馆在解决军需方面起着应急的作用。

进入民国以来，会馆为政府服务的意向更为直接。《梅庵文钞》卷二之《奏疏》说："上海黄浦一带，向有闽广浙省流民其中，失业无赖之徒谅亦不少，口音既异，稽察宜严，应委员查明人数造册，责令各会馆董事稽管勒限，一月内着令雇觅便舟配搭回籍，不许容留居住，至一切船只，最易藏奸，较陆地烟户，更为吃紧。"

《梅庵文钞》卷二之《奏疏》还记载道："上海地方闽广浙江各省均设会馆，各有董事多人嗣凡有商船到口，先令董事审辨土音，盘询居址，设有可疑，即密禀查拿，果系真正商贩，出具保结，然后准其进口销售。迨销变完竣，置货而回，或本省商民雇觅，运货出口。各省气船即由何省会馆出具保结，盘查点验，计口酌给米粮，然后放行。倘仍有盗匪假冒进口及私运米粮火药出口之事，将该董事一并治罪。再如有盗匪囤积货物销买赃物者，准其据实首报，即将盗赃全行赏给，既免其通盗之罪，又可坐得厚资。愚民有所贪图，奸民亦不敢信托，行之以实，不特米粮无从偷漏，即盗贼亦无由进口矣。"

会馆既是社会管理的有效力量，是联络大、小商人的乡帮组织，也就成为客居外地者对付各种社会势力包括官方势力的组织。无论商人个体还是群体，在客居地遇到地方势力滋扰或利益受到侵害时，总是由会馆出面交涉的，这一点在各地会馆的碑记中有所反映。同治十年（1871），广西贺县官员张联桂就指出，土客之间"遇极小之事，两不相下"时，会馆成为客居商人对付地方势力的基地。

结　语

　　会馆在明代开始出现，明中叶是其初步发展的阶段，这一时期的会馆多为官绅阶层的娱乐场所与志同道合者的会聚之所，其规制尚不太严密，且可以住女眷。从明中叶到清咸丰、同治年间，这一段时期是会馆的兴盛期，主要体现为数量不断增加、类型亦日显复杂，譬如在京师的会馆就有官绅会馆、试馆、商业会馆等类型；从设置者看，如苏州的会馆，官、绅、商、民所占比例又各有不同，会馆成为当时社会经济繁荣发展的重要标志之一。

　　当然，就具体会馆看，其起、兴、亡又各有差异。清末以来可以说是会馆步入衰微、蜕变的阶段，其功能也有所变化。此前会馆更多地"倡导人文"，此后会馆则被政府赋予"维持治安"的职能。有的官员希望会馆成为类似保甲的组织，能排解内部纠纷并为官府的军事行动、救灾行动提供资金支持，严禁会馆藏匿犯人与枪支。然而，在海外华人会馆却一直发展不衰。海外华人会馆起源于中华本土，却又具有诸多特征，如同乡会馆与宗亲会馆并存、商人在会馆中是主角、会馆多以商务与教育为首要任务等。会馆存在地域差异性，主要由会馆所处地区的政治、经济发展的不同状况所决定，可大体分成京师省城、工商都市、郡县场镇、移民集中区域等类型。明清时期会馆的分布显示出沿海及沿河地区多而内陆地区分布少、东部地区多而西部地区分布少的特征。会馆发展与商帮发展具有相辅相成的特征。近代以来，随着移民的西进和内陆的经济开发，内地会馆也呈现出明显增多的趋势。

明清时市场机制、人口流动、科举制度发展与会馆发展相互关联，市场机制是明清时期社会变迁的关键因素，商品经济的发展把全国的大、中、小城市都卷入了庞大的市场网络之中，有的地区商人长期活跃，以至形成了较大的地域商帮。长途贩运沟通了沿海与内地之间、山区与平原之间的相互联系，商人寄籍的现象日见增多。人口流动显示出与过去不一样的特征，即政府政策与移民自愿相结合、商业性与经济性并重以及多向性与持续性共存等，还影响了明清时期科举的发展。明清时期商人对服务于科举事业的会馆的大量捐助，反映了其资本的雄厚及这一阶层在明清的政治舞台上的地位。诸多因素相互影响、相互渗透，使明清会馆以更大的规模、更繁复的形式勃然兴盛。

分析各类会馆的组织制度与组织结构、会馆的权力配置与内部关系、会馆的经费来源与收支管理等问题，便于我们探明各类会馆兴衰的原因。

明清时期社会的阶级关系呈现出新特征，表现为："四民"观念的模糊化、贫富贵贱的迅速变化和阶级利益的明晰化。这些新特征的出现曾令官府行之已久的行政体制束手无策，而会馆作为一种自发的民间社会组织在实现会馆内部整合、移民社会整合与中外文化整合方面发挥了自己的作用，消除了封建政府在新事物出现后的恐慌。从会馆内部整合看，"祀神、合乐、义举、公约"是基本功能，而这主要以同乡关系作为联系纽带，它具有强大的凝聚力，使流动的同乡人在客地有所依恃、有所约束、有所互助、有所发展。从移民社会的整合看，不同籍贯的人们迁移到同一地区，他们可以冲破地域的界限，凭借会馆与别的会馆进行交流，共同商讨地方事务，包括商务、公共设施建设、地方治安等，各会馆亦谋求与当地土著的经济交流和文化交流，以致引起地方社会风俗的变迁。从中外文化的整合看，晚清以来延续至今的海外众多的华人会馆恰是一个重要的基地，而在国内各通商口岸设置的涉及外事的会馆亦在中外文化交流方面发挥了积极的作用。封建政府对待会馆多采取默认的政策，从而与对家族大张旗鼓地提倡形成对比。这主要因为会馆以管理流动人员为目标，而人口流动本身可能成为封建统治的异己力量。从会馆角度言，它也较多地追求本身存在的合法性，有的以官员管理、商人出资的形式表现出来，有的则申请官府备案庇护，还有的把对会员的道德训教、行为规范放在会馆诸事务之首。这些都反映了会馆对封建政府的依附，亦表明了封建政治的影响力是无所不在的。显然，会馆并非完全与封建统治和谐一致，会馆与政府的对抗和斗争同样存在。

　　明清时期会馆的发展带动了文化的发展。从建筑设置看，会馆规模既有不同时期的变化，又在同一时期千差万别，但普遍要求符合礼制。在官绅会馆、商人会馆、移民会馆中，商人会馆往往规制更宏，移民会馆则相对简陋。从区位分布看，会馆在京师省城、商业城市、手工业城市与移民区域的分布亦各有规律。譬如在京师，明代曾有大量会馆分布于内城，而清代则因"内城禁喧嚣"的政策而使会馆大多集中于外城，显示了封建政府不同的文化追求。在上海、苏州等商业中心，会馆大多分布于商业区内，而在以手工业为主的景德镇，会馆则分布于该城市的周围，它们追求交通的便利和生产本身的便利。在移民区域，会馆设置多显示出分散的特征。

　　会馆的神灵崇拜是会馆存在的精神纽带与象征。明清时期会馆的神灵崇拜经历了从单一神（乡土神）到以乡土神为主的众神兼祀的发展过程，这既因为众多乡土神的内在精神有共通性，也因为会馆在不断发展的过程中从互异走向一致，从而必然走向融合。当然，正像民间的多神共祭一样，会馆的多神并存亦包含了浓厚的功利性。在作为政治中心的京师，会馆神灵的设置更偏重于对乡贤的炫耀，在某种程度上又与文化的融合相悖离，成为地域观念发展的重要基地。明清时期会馆神灵的设置又较多地反映了封建统治的政治要求，奉祀的神灵皆为传统美德的化身，因而能发挥规范人心的作用，对处于流动中的客籍人来说，这实是一种有效的整合，能收到"以神道设教"之效。在明清时期的社会变迁中，它能在很大程度上保存传统文化中的精华。在会馆的神灵设置中，行业神崇拜受到重视，这可成为一面旗帜、一种约束，在吸引同籍与同行商人、激励人们向外发展、以集体力量共同开辟发展道路方面都发挥了积极作用。

会馆作为一种社会组织，在明清以来社会的结构性变迁中发挥了自己的作用。事实上，明清时期基层组织颇多，有官设社会组织，如里甲、保甲、厢坊等，有民设社会组织，如家族、乡族、会社等，但是明清市场机制的发育与成长、赋税徭役制度的变更，为人口的迁移及人身依附关系的削弱提供了便利，在不少地方，形成了土籍与客籍的区别，有的地区流寓人口数量甚至超过了土著。如果说土著适合用家族、保甲、里甲、厢坊来管理的话，那么，对于流寓人口，采用上述各种组织管理很难收效，这里存在着行业的多重性、人员的流动性、文化的复杂性、规模的庞大性，这时，会馆的社会管理功能便在上述各种组织的管理之外，显示出自己的优越性来。会馆是一种既以家族为母体但又超越家族的社会组织，它标志着中国传统社会管理体制的进一步完善，或许也可看作是一种新的创造。它管理的对象是处于流动中的人们，它所树立的精神支柱是乡土神、通祀神以及会馆的创业者，它要求会众在变迁的社会中既能发扬传统又能适应社会变迁，它为会众们提供各种可能的便利，能满足同乡人在外籍寻找乡情依托的需要，使同乡人走向外部世界时不仅凭个人的奋斗，更能依恃团体的资助，因而取得成功的可能性就更大。专业性的同乡行业会馆一般也不以限制同行间的竞争为目的，而更趋向于为同行的发展创造更公正、更合理的环境，它超越家族组织，使明清时期的社会群体又有了大的发展。因此可以说，会馆在从家族观念走向更广大的乡的观念直至国的观念的过程中起着过渡作用。

会馆的建设在某种程度上是同籍人事业成功和弘扬道义的象征，于是资助会馆建设往往被列入地方志的义行之中，捐助能倡导一种向善好义的社会风气，保持优良文化品德的延续。会馆文化追求更新主要体现在对近代社会变迁的适应上，士绅性会馆力图适应时势变化，为会馆的发展演变起到表率与仪范的作用。首先，许多会馆是由商人出资、官绅管理，其经营体制本身即意味着对传统四民观念的更新。其次，明清时期义利相得是全社会较为风行的新的价值观，会馆是这种价值观产生和滋长的一个渊薮。再者，会馆对政治事务的干预、对社会管理事务的承担都反映了其不断适应形势所进行的自我更新。前者如福建会馆曾涉足省长的选举以及赈济事宜，后者如重庆八省会馆对重庆整个地方事务的管理等。

参考文献

窦季良：《同乡组织之研究》，正中书局，1946。

《广西少数民族地区石刻碑文集》，广西人民出版社，1982。

何炳棣：《中国会馆史论》，台湾学生书局，1966。

《江苏省明清以来碑刻资料选集》，江苏人民出版社，1959。

李华：《明清以来北京工商会馆碑刻选编》，文物出版社，1980。

《明清佛山碑刻文献经济资料》，广东人民出版社，1985。

《明清苏州工商业碑刻集》，江苏人民出版社，1981。

《明清以来苏州社会史碑刻集》，苏州大学出版社，1998。

彭泽益主编《中国工商业行会史料集》，中华书局，1995。

全汉昇：《中国行会制度史》，新生命书局，1934。

《上海碑刻资料选辑》，上海人民出版社，1984

王日根：《乡土之链：明清会馆与社会变迁》，天津人民出版社，1996。

王日根、薛鹏志主编《中国会馆志资料集成》（第一辑），厦门大学出版社，2013。

王日根：《中国会馆史》，上海东方出版中心，2007。

王日根主编《中国老会馆的故事》，山东画报出版社，2014。

后 记

  经社会科学文献出版社徐思彦老师的推荐，我加入了
《中国史话》丛书的编写队伍，撰成《会馆史话》，徐思彦老
师、王和老师等给予章节设计、遣词成篇、图片选择等多方面
的指导，谨致深挚谢意！

王日根

2015 年 2 月 10 日于厦门

史话编辑部

图书在版编目（CIP）数据

会馆史话/王日根著. —北京：社会科学文献出版社，
2015.8
（中国史话）
ISBN 978 - 7 - 5097 - 7306 - 2

Ⅰ.①会…　Ⅱ.①王…　Ⅲ.①会馆公所 - 历史 - 中国
Ⅳ.①D69

中国版本图书馆 CIP 数据核字（2015）第 063353 号

"十二五"国家重点图书出版规划项目

中国史话·文化系列
会馆史话

著　　者/王日根

出 版 人/谢寿光
项目统筹/宋月华　　责任编辑/王　敏

出　　版/社会科学文献出版社·史话编辑部（010）59367143
　　　　　地址：北京市北三环中路甲 29 号院华龙大厦　邮编：100029
　　　　　网址：www. ssap. com. cn
发　　行/定制出版中心（010）59366509　59366498
　　　　　市场营销中心（010）59367081　59367090
　　　　　读者服务中心（010）59367028

印　　装/三河市尚艺印装有限公司
规　　格/开本：889mm×1194mm　1/32
　　　　　印张：7　字数：148 千字
版　　次/2015 年 8 月第 1 版　2015 年 8 月第 1 次印刷
书　　号/ISBN 978 - 7 - 5097 - 7306 - 2
定　　价/25.00 元

本书如有破损、缺页、装订错误，请与本社读者服务中心联系更换